いちばんやさしい

「ゆったりサイズ」のおしゃれ服

松下純子
Wrap Around R.

L〜4L

PHP

もくじ

スリットスカート

写真P.14 作り方P.58

ロング丈のスカート

写真P.15 作り方P.58

ミモレ丈のスカート

写真P.15 作り方P.58

Aラインブラウス

写真P.16,17 作り方P.69

Aラインワンピース

写真P.18 作り方P.68

Aラインコート

写真P.19 作り方P.61

ギャザー袖のブラウス

写真P.20 作り方P.77

ギャザー袖のワンピース

写真P.21 作り方P.76

チュニック

写真P.22 作り方P.82

レースチュニック

写真P.23 作り方P.83

あわせベスト

写真P.24 作り方P.88

あわせベストロング

写真P.25 作り方P.89

かろやかベスト

 作り方P.35

エプロン風のカジュアルなベストは、サイドを縫わずにリボンで身幅を調整できるので、ゆったりサイズのトップスとの重ね着におすすめです。後ろ身頃のスリットでバックスタイルもおしゃれ。

2WAYベスト

 作り方P.34

左ページのベストをショート丈にアレンジした、フロントとバックのどちらでもコーディネートが楽しめる2WAY仕様。シンプルなインナーに重ねるだけで愛らしい印象に変えてくれます。

2WAYボタンベスト

 作り方P.34

パーツごとに異素材で切り替えたモード感のある
デザイン。ウール素材の無地とグレンチェックの暖
かみのある生地は、肌寒い季節にぴったりです。
衿もとのボタンでレトロな雰囲気をプラス。

バルーン袖のワンピース

作り方P.40

袖口は折り目をつけずバルーンスリーブに仕上げ、ふんわり包み込むようなリラックス感が魅力のワンピース。顔まわりがすっきり見えるキーネックと、ピコットレースで可愛らしさをプラス。

バルーン袖のリボンブラウス

作り方P.41

袖と着丈を短くすれば、可憐なリボンブラウスが
完成。花柄の生地に手首がすらりと見える七分袖
が春の着こなしにぴったりです。ゆったりパンツ
（P.11）とさわやかなコーディネート。

タックパンツ

 作り方P.46

裾をタックでしぼり、動きやすく立体感のあるパンツに仕上げました。ウエストは2段の総ゴム仕様で伸び縮みがやわらかく、おなかまわりもらくちん。普段使いのゆるカジコーデにおすすめ。

ゆったりパンツ

 作り方P.46

カジュアルにもきれいめにも着まわせるストレートパンツは、素材や色ちがいで何着あっても楽しめます。ゆるく広がるシルエットに大きめポケットをつけて、ウエストラインもすっきり。

11

バルーンスカート

 作り方P.54

表布と裏布を裾でつなぎ、ウエス
トでずらしてドレープをきかせたバ
ルーンスカート。透け感のある涼
しげな素材で着心地もさわやか。
裾の立体的なボリュームが可愛ら
しさを引き立てます。

リバーシブルバルーンスカート

 作り方P.54

無地とレトロな総柄を楽しめるリバーシブル仕様に
アレンジ。やわらかい生地を使うことで、たっぷり
としたドレープのきれいなラインが生まれます。裾
からチラリとのぞく裏布もおしゃれ。

スリットスカート

 作り方P.58

大胆にあいたスリットが印象的なロングスカート。
シンプルなゆったりパンツ（P.11）やフェミニンな
柄のロング丈のスカート（P.15）に重ねるだけで、
スタイリッシュに決まります。

ロング丈のスカート

 作り方P.58

華やかなフラワープリントのロングスカートは、
一枚でおしゃれにきまる優秀アイテム。とろみ
のある柔らかな生地で、大人のこなれ感を演出。

ミモレ丈のスカート

 作り方P.58

ロング丈よりも少し短いミモレ丈のカジュアル
なスカート。ほどよいハリ感のあるコットン生
地が、気になるヒップまわりをしっかりカバー。

Aラインブラウス

 作り方P.69

袖と脇に三角形の布をつけた立体感のあるブラウスは、Vネックで顔まわりも明るく。リネンのエスニック柄は夏の着こなしにぴったり。

左ページと同型のブラウスは、素材を白のワッフル
生地で仕立てたナチュラルな一枚。グリーンのゆ
ったりパンツ（P.11）とメリハリコーデを楽しんで。

Aラインワンピース

 作り方P.68

ブラウス（P.16）を肩周りが華奢（きゃしゃ）に見
えるドロップショルダーのワンピースに
アレンジ。裾に向かって広がるAライン
はリラックス感たっぷり。暖かい季節
のワードローブにおすすめです。

Aラインコート

 作り方P.61

基本のデザインは左ページと同じAラインの七分袖の前開きコート。絹のような光沢が特徴のシャンタン生地は、羽織るだけで華やかさを演出してくれます。ゆったりシルエットで軽やかさもプラス。

ギャザー袖のブラウス

 作り方P.77

ふんわりした曲線シルエットが大人可
愛いブラウス。ゴムギャザーの袖口が
手首をキュッと引き締め、スクエアネッ
クで顔まわりもすっきり。カジュアルな
タックパンツ（P.10）とも好相性。

ギャザー袖のワンピース

作り方P.76

左ページのブラウスをロング丈にアレンジすれば、一枚で着こなしが華やぐフェミニンなワンピースに。ウエストのリボンで目線を上げて、脚長ラインを演出。バックスタイルもきれい。

チュニック

作り方P.82

袖の自然なドレープ感が、上半身を可
愛くカバーするチュニック。上下を濃
淡カラーでメリハリをつけると細見え
効果がアップします。サイドスリットで
動きやすく重ね着にもぴったり。

レースチュニック

作り方P.83

可憐なピンクのチュニックは、スカートの裾の刺繍レースがポイント。片耳のスカラップ生地だから裾の始末をせずに作れます。バルーンスカート（P.12）とのコーディネートで華やか。

あわせベスト

 作り方P.88

ジャンパースカート風のベストは、オールシーズン活躍しそう。暖かみのある生地を使い、タートルネックと合わせると秋らしい雰囲気に。ゆるっとしぼれるウエストリボンがアクセント。

あわせベストロング

 作り方P.89

クラシカルな花柄のコットン生地で仕上げたロングベスト。ゆったりした縦長フォルムが全体をすっきり見せる着回し力が魅力です。普段着にさらっと羽織るだけでもおしゃれ度がアップ。

■■■　サイズと寸法　■■■

ヌード寸法を測り、作り方ページの仕上がりサイズを目安に作りましょう。

採寸

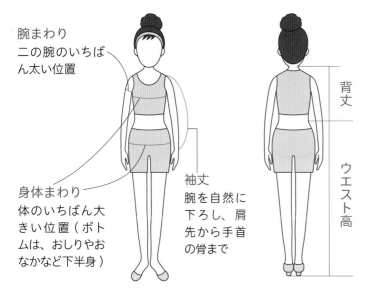

腕まわり
二の腕のいちばん太い位置

身体まわり
体のいちばん大きい位置（ボトムは、おしりやおなかなど下半身）

袖丈
腕を自然に下ろし、肩先から手首の骨まで

背丈

ウエスト高

部位／サイズ		自分のサイズ記入欄
身体まわり	バスト	
	ヒップ・おなか	
背丈		
ウエスト高		
袖丈		
腕まわり		

頸椎（けいつい）（首を前に傾けたときに出る骨）まで衿ぐりのある薄手のシャツを着ると測りやすい。

仕上がりサイズ

作り方ページの仕上がりサイズ（cm）を目安に、自分のヌード寸法に合うサイズを選ぶ。

身幅

着丈

【P.68 A ラインワンピース】

	L	2L	3L	4L
身幅	63		68	
着丈	120			

ヒップまわり

パンツ丈

【P.46 タックパンツ】

	L	2L	3L	4L
ヒップまわり	114	122	134	
パンツ丈	91			

サイズの確認

自分の身体まわりを基準に、仕上がりサイズ表からサイズを選ぶ。

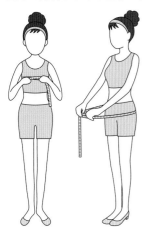

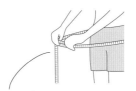

L サイズの場合
63×2＝126cm に合わせる

メジャーの目盛りを身幅×2、またはヒップまわりに合わせて輪っかを作り、身体にあてて、サイズ感を確認する。

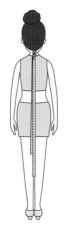

ワンピースの場合
着丈 120cm に合わせる

メジャーの目盛りを着丈に合わせ、洗濯ばさみで衿ぐり（パンツ・スカート丈はウエスト）の中心にとめ、サイズ感を確認する。

■■■ 道具と布 ■■■

本書で紹介する作品を作るときに使う道具と布を紹介します。

基本の道具

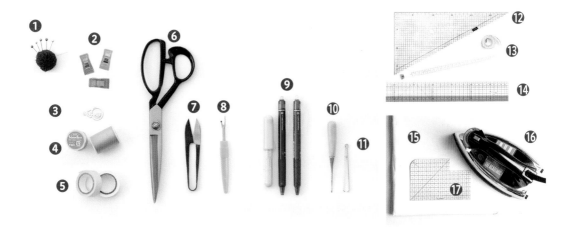

❶ピンクッション・手縫い針（普通地用）・マチ針　❷仮どめクリップ（マチ針と同様、仮どめ用）
❸縫い針用糸通し　❹手縫い糸（スパン糸がおすすめ）　❺マスキングテープ（布の表裏など目印用）
❻裁ちバサミ　❼握りバサミ　❽リッパー　❾印つけ用のペン（チャコペンのほかに、こすって消
えるボールペンもアイロンの熱で消える）　❿目打ち（縫い返した角を出すなど、細かい作業用）
⓫紐通し　⓬三角定規　⓭メジャー　⓮方眼定規（30cm以上のものが便利）　⓯アイロン台
⓰アイロン　⓱アイロン定規（三つ折りをするときに測りながらアイロンがあてられる）
※ミシン、ミシン糸と針は P.30 参照

布の種類

素材	特徴
コットン	いちばんポピュラーな天然素材。吸湿性と保温性、通気性に優れ、洗濯にも強い。
麻	亜麻（リネン）と苧麻（ラミー）という植物の茎の皮が原料。清涼感があり、夏に最適。
コットンリネン	コットンとリネンの2つの素材の長所を併せもった混紡生地。やわらかく通気性がよい。
ウール	一般的にメリノ種の羊毛のこと。保温性に優れ、シワになりにくい。秋冬におすすめ。
ポリエステル	シワや型崩れしにくく、水に濡れてもすぐに乾く、洗濯にも強い合成繊維。

■■■　布の地直し　■■■

布を裁断する前に、ゆがみや収縮をととのえましょう。

布の部分名称

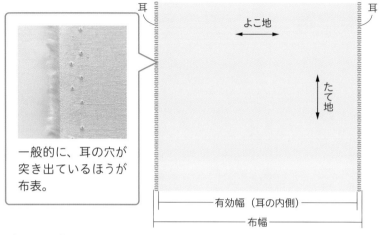

一般的に、耳の穴が
突き出ているほうが
布表。

たて地
耳に対して平行になる布目。
裁ち図にある布目線の方
向に、洋服のたて方向を
合わせると型崩れが防げる。

よこ地
耳に対して垂直になる布目。

有効幅
実際に使用できる、耳をの
ぞいた布の幅。**有効幅が
狭い場合は、多めに布を
用意する。**

布の地直し

布は流通過程で布目がゆがんでいることが多く、種類によっては洗濯によって縮むことがある。布目をと
とのえると、縫いやすく、きれいに仕上がる。

【コットンやリネンなど】

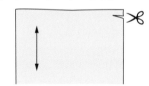

❶布端に切り込みを入れる。

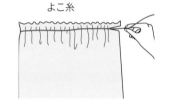

❷よこ糸を 1 本、切れないよう
にゆっくり引き抜く。

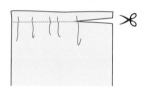

❸抜いた糸の線に沿ってカット
する。

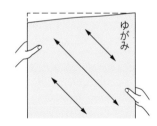

❹角が直角になるように、手で
引っ張りととのえる。

❺布をジャバラ状にたたみ、水
に約 1 時間浸す。

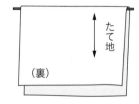

❻手で軽くしぼり、布目をとと
のえて陰干しする。

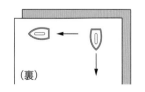

❼半乾きになったら、裏からア
イロンをかける。

【ウールやデリケートな素材】
ウールは布全体を霧吹きで湿らせて約 3 時間
ポリ袋に入れ、デリケートな布は水を通さず、
あて布をしてドライアイロンで地直しする。

※縮みやすい布は、作り方の布地サイズより長めに用意しましょう。

■■■ 布の裁ち方 ■■■

本書の作品は型紙を使いません。直接布に裁ち線の印をつけて裁断しましょう。

裁ち線の印をつける

❶布のたて地に合わせて三角定規をあて、水平になる横線を引く。

❷裁ち図の横幅と長さの寸法を定規やメジャーで測り、点の印をつける。印を結んで線を引く。

【裁ち合わせの例】P.69 A ラインブラウス
作り方ページの裁ち図に記載の寸法・枚数どおりに、布に線を引く。

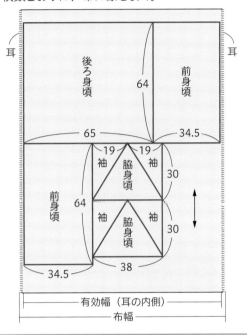

裁断する

布に手をそえ、裁ちバサミの刃をまっすぐに裁ち進める。

OK

裁ちバサミの下刃を作業台につけ、布に対して垂直に上刃を下ろす。

NG

布と裁ちバサミを作業台から浮かせたり、刃を傾けたりするとゆがむので注意。

【伸びどめテープ】
伸びどめテープは、片面にアイロン接着剤のついた平織りのテープ。斜めに裁断すると布は伸びやすいため、斜めに裁断する前に伸びどめテープを斜めの裁ち線に沿ってアイロンで貼り、裁断する。伸びどめテープが布の伸びをおさえてくれるので、縫いやすく、型崩れを防ぎ、きれいに仕上がる。

29

■■■　ミシン縫いの基本　■■■

本書の作品は、家庭用のミシンで縫うことができます。
ミシン用の糸や針、ミシンのかけ方などを確認しましょう。

ミシンについて

本書の作品は、直線縫い、あら縫い、ジグザグ縫い（縁かがり縫い）の3種類で作る。フットコントローラがあると、両手で布を扱うことができるので、ミシンがけが安定する。

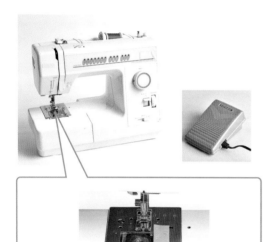

ミシンの針が下りるところから縫い代分はなれたところにマスキングテープを貼っておくと、まっすぐに縫いやすい。

ミシン糸・針と布の関係

多くの布は、針11号と糸60番で縫えるが、下表のように布の厚みに合わせて針と糸を替える。糸の色は、縫い目が目立たないように布に近い色を、柄布はいちばん多い色を、薄い色の布は1トーン明るい色、濃い色の布は1トーン暗い色を選ぶといい。

布の厚さ	布	ミシン針	ミシン糸
薄地	ローン、ガーゼ、ボイルなど	9号	90番
普通地	シーチング、リネン、キャンバスなど	11号	60番
厚地	デニム、帆布など	14号	30番

ミシンの調子

下糸が水平釜の家庭用ミシンは、上糸で糸の調子を調節する。縫い始める前に糸調子を確認すること。

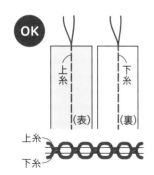

上下の糸がバランスよく、ちょうどいい状態。

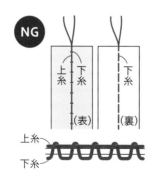

表側に下糸が見え、上糸が強い状態。上糸の糸調子を弱くする。

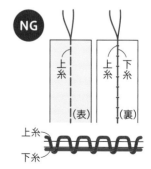

裏側に上糸が見え、上糸が弱い状態。上糸の糸調子を強くする。

直線縫い

【直線の部分】
縫い始めと終わりは約1cm返し縫いする。

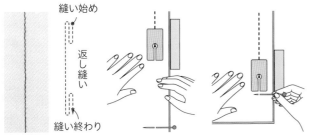

約2mmの目で直線を縫う基本の縫い目。左手は押さえ金の近くで布を、右手は手前で布を軽く押さえる。マチ針は、押さえ金の手前でミシンをとめて抜いてから、続きを縫い進めていく。

【マチ針のとめ方と順番】
マチ針は、縫う方向に対して垂直に布をとめる。

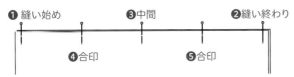

あら縫い

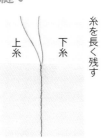

ギャザーを縫うときなど、約4mmの目で縫うあら縫い。縫い始めと終わりは返し縫いをせず、糸を長く残す。

縁かがり縫い

布端のほつれどめに縁をかがり縫いする。ロックミシンがない場合は、家庭用ではジグザグ縫いをする。

【筒状の部分】
縫い始めに縫い終わりを約1cm重ね、さらに返し縫いをする。

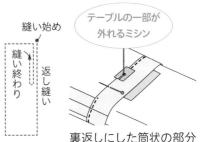

裏返しにした筒状の部分をアームに差し込んで縫う。

外表にして筒の部分をひらき、裏側から縫う。

【アイロンについて】
ミシン縫いのたびに、アイロンをかけ、縫い目を落ち着かせる。布が伸びないように、アイロンの上から押さえるようにあてる。

縫い目をととのえる　縫い代を割る

【手縫いの基本】　ミシンでは縫えない細かな部分の始末は、手縫いする。

並縫い

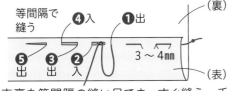

表裏を等間隔の縫い目でまっすぐ縫う、手縫いの基本。二つ折りや三つ折りに用いる。

まつり縫い

縫い目が表から目立たないように、布を少しすくいながら縫う。

■■■ 口絵と作り方ページの見方 ■■■

本書で提案する作品は、Lから4Lサイズの女性が、体型や年齢を問わず
オシャレを楽しめるデザインです。
型紙を使用せずに、裁ち図をもとに布をまっすぐ裁断し、縫っていきます。
作りはじめる前に図の見方をおさえておきましょう。

口絵から好きなデザインを選び、サイズを確認する

【例】口絵 P.16、17　作り方 P.69　A ラインブラウス

P.4 ～ 25 の口絵の中からお気に入り
を見つける。

```
モデルのサイズ
●身長        164cm
●バスト       94cm
●ウエスト      75cm
●ヒップ       98cm
2L サイズを着用
```

気に入ったデザインが見つかったら、作り方ページをチェック

自分のサイズをチェックし、裁ち図のサイズを間違えないように注意

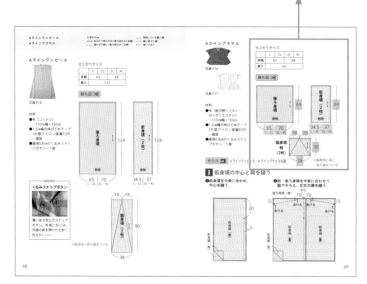

P.26「サイズと寸法」を参考にして、
ヌード寸法を測り、自分の体型に合
うサイズを決める。

```
裁ち図のサイズ
●L・2L サイズ
●3L・4L サイズ
●全サイズ共通
```

基本の表記と記号

布表は ◻️ 色　　布裏は ▦ 色　　単位は (cm)

◄─► 布のたて地の方向	------ 解説している縫い線
✏ 印つけ	------ 縫い終えた線
∿∿∿ 縁かがり縫い（ジグザグ縫い・ロックミシン）	•----- 縫い止まり
	─·─·─ 中心線

〰〰 長さを省略
▨▨▨ 伸びどめテープ
◊ アイロンをかける
◉ 寸法をはかる

裁ち図の見方

【例】P.58　ミモレ丈のスカート

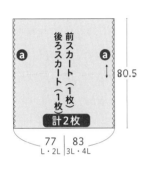

77	83
L・2L	3L・4L

【例】P.69　Aラインブラウス

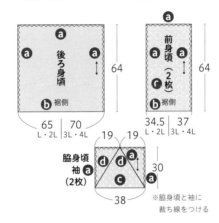

65	70
L・2L	3L・4L

34.5	37
L・2L	3L・4L

※脇身頃と袖に裁ち線をつける

ポイント

ⓐ 縁かがり縫いする位置
※裁断側を始末する場合は縁かがり縫いは不要

ⓑ 縁かがり縫いの位置に指定がある場合のみ記載

ⓒ 製図を見やすくするための模様

ⓓ 裁ち線

作り方の図の見方

【例】P.69　Aラインブラウス

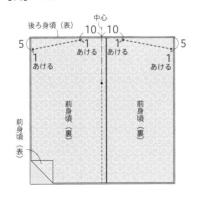

【例】P.71　Aラインブラウス

拡大図

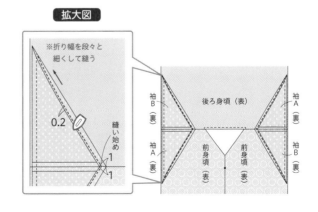

注意

※ 布を2枚重ねていることがわかるように、図は少しずらして記載。実際はぴったり合わせる

※単位は㎝
◀━━▶ 布のたて地の方向（裁ち図のみに記載）
〰〰 縁かがり縫い（裁ち図のみに記載）
----- 解説している縫い線
----- 縫い終えた線
●---- 縫い止まり

2 WAYベスト

写真 P.05

材料
● 布（コットンリネン）
　…110㎝幅×100㎝
● 0.8㎝幅のリボン
　…70㎝×4 本

仕上がりサイズ

	L	2L	3L	4L
身幅	フリーサイズ			
着丈	53			

裁ち図 ✂

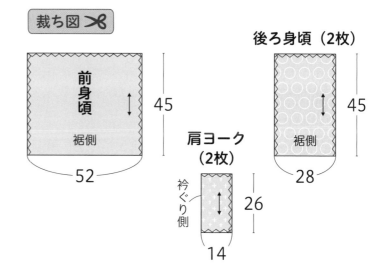

前身頃
裾側
45
52

後ろ身頃（2枚）
裾側
45
28

肩ヨーク（2枚）
衿ぐり側
26
14

2 WAYボタンベスト

写真 P.06

材料
● 前身頃用の布（ポリエ
　ステル）
　…110㎝幅×50㎝
● 後ろ身頃、肩ヨーク、
　ループ用の布（ポリエ
　ステル）
　…110㎝幅×50㎝
● 1㎝幅のリボン
　…70㎝×4 本
● 直径2.5㎝のボタン
　…1 個

仕上がりサイズ

	L	2L	3L	4L
身幅	フリーサイズ			
着丈	53			

裁ち図 ✂

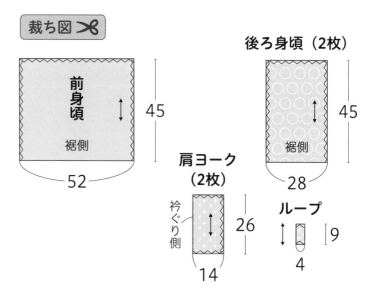

前身頃
裾側
45
52

後ろ身頃（2枚）
裾側
45
28

肩ヨーク（2枚）
衿ぐり側
26
14

ループ
9
4

かろやかベスト

写真 P.04

材料

- ●布（コットン）
  …110cm幅×150cm
- ● 2 cm幅のリボン
  …70cm× 4 本

仕上がりサイズ

	L	2L	3L	4L
身幅	フリーサイズ			
着丈	90			

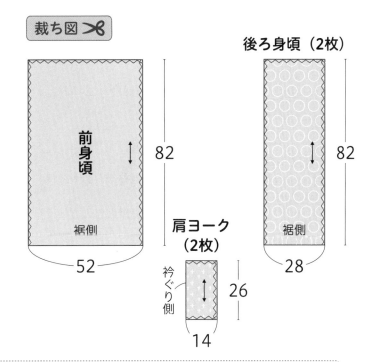

裁ち図 ✂

後ろ身頃（2枚）

前身頃
82
裾側
52

肩ヨーク（2枚）
衿ぐり側
26
14

後ろ身頃（2枚）
82
裾側
28

作り方 🧵 2WAY ベスト・2WAY ボタンベスト・かろやかベスト共通

1 前身頃を縫う

❶前身頃を中表に二つ折りにし、中央のタックを縫う

❷タックをたたんで押さえ縫いする

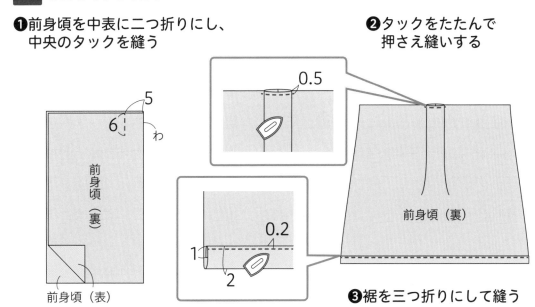

5
6
わ
前身頃（裏）
前身頃（表）

0.5

0.2
1
2

前身頃（裏）

❸裾を三つ折りにして縫う

2 後ろ身頃を縫う

❶後ろ身頃の裾を三つ折りにして縫う

❷中央を折って縫う

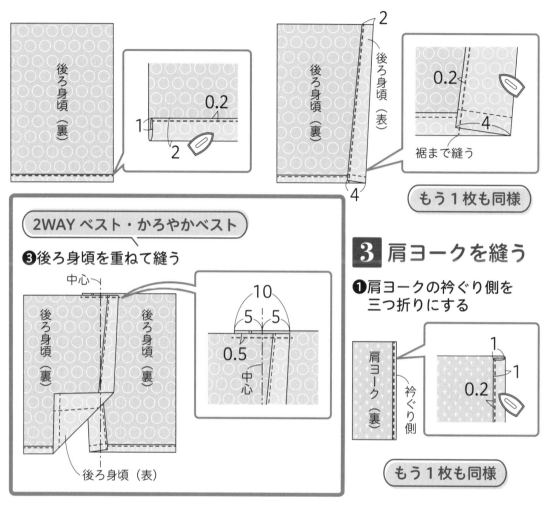

後ろ身頃（裏）

0.2

1

2

後ろ身頃（表）

2

0.2

4

裾まで縫う

4

もう1枚も同様

2WAYベスト・かろやかベスト

❸後ろ身頃を重ねて縫う

中心

後ろ身頃（裏）　後ろ身頃（裏）

後ろ身頃（表）

10

5　5

0.5

中心

3 肩ヨークを縫う

❶肩ヨークの衿ぐり側を三つ折りにする

肩ヨーク（裏）

衿ぐり側

1

1

0.2

もう1枚も同様

4 肩ヨークを身頃に縫い合わせる

❶前身頃と肩ヨークを中表に合わせて縫う

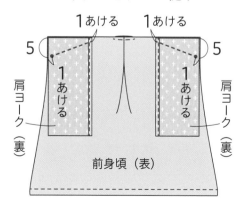

1あける　1あける

5　5

肩ヨーク（裏）

1あける　1あける

前身頃（表）

❷後ろ身頃と肩ヨークを中表に合わせて縫う

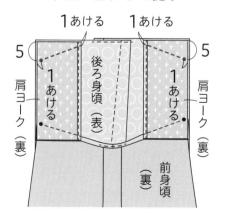

1あける　1あける

5　5

肩ヨーク（裏）　肩ヨーク（裏）

1あける　1あける

後ろ身頃（表）

前身頃（裏）

5 衿ぐりを縫う

2WAY ベスト・かろやかベスト

❶肩ヨークを身頃側にたおし、
衿ぐりを折って┆___┆に縫う

2WAY ボタンベスト

❶肩ヨークを身頃側にたおし、
衿ぐりを折って┆___┆に縫う

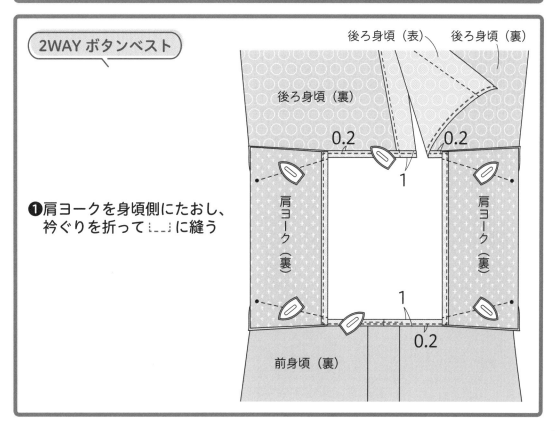

6 脇にリボンをつけて縫う

❶前・後ろ身頃の両脇と肩を折り、脇にリボンを挟んで縫う

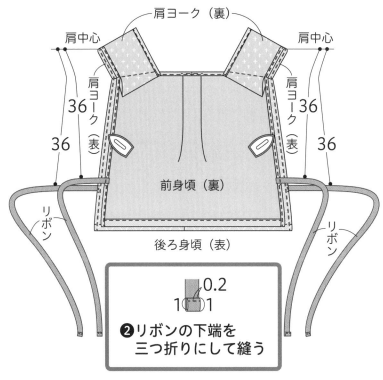

肩ヨーク（裏）
肩中心
肩中心
肩ヨーク（裏）
肩ヨーク（表）
肩ヨーク（表）
36
36
36
36
リボン
リボン
前身頃（裏）
後ろ身頃（表）

0.2
1　1

❷リボンの下端を
三つ折りにして縫う

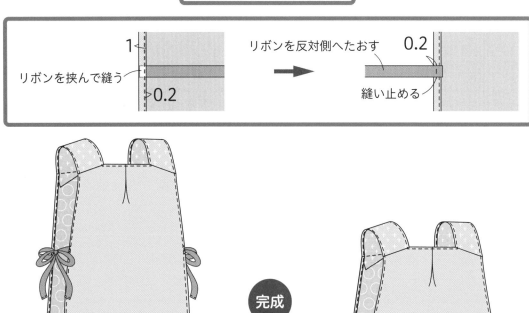

1
リボンを反対側へたおす
0.2
リボンを挟んで縫う
0.2
縫い止める

完成

かろやかベスト

2WAY ベスト

7 ループを作り、ボタンをつける

❶ループの両長辺を中心に折り、二つ折りにして縫う

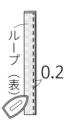

0.2

❷ループを後ろ身頃に 縫いつける

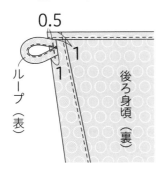

0.5

1

1

ループ（表）

後ろ身頃（裏）

❸ボタンをもう片方の後ろ身頃 に縫いつける

肩ヨーク（表）

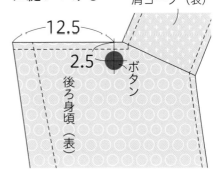

12.5

2.5

ボタン

後ろ身頃（表）

完成

【足つきボタン】

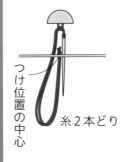

つけ位置の中心

糸2本どり

つけ位置の中心を 1針すくい、ボタ ンの足に3、4回 糸をつけ通す

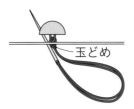

玉どめ

針を裏側に出して 玉どめし、表に出 して糸を切る

※単位はcm
←→ 布のたて地の方向（裁ち図のみに記載）
〰〰 縁かがり縫い（裁ち図のみに記載）
----- 解説している縫い線
----- 縫い終えた線
●---- 縫い止まり

バルーン袖の ワンピース

写真 P.08

材料

● 布（リネン）
　…110cm幅×300cm
● 1cm幅のレース…52cm
● 1.2cm幅の伸びどめテープ
　（片面アイロン接着P.29）
　…17.5cm×2本、
　　5cm×2本

仕上がりサイズ

	L	2L	3L	4L
身幅	66		71	
着丈	110			

裁ち図 ✂

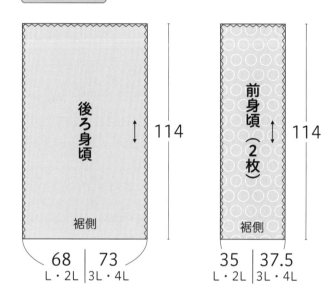

後ろ身頃
裾側
114

68 ｜ 73
L・2L ｜ 3L・4L

前身頃（2枚）
裾側
114

35 ｜ 37.5
L・2L ｜ 3L・4L

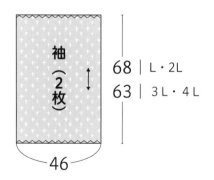

袖（2枚）

68 ｜ L・2L
63 ｜ 3L・4L

46

バルーン袖の
リボンブラウス

写真 P.09

仕上がりサイズ

	L	2L	3L	4L
身幅	66		71	
着丈	60			

材料

- ●布（コットン）
  …110cm幅×200cm
- ●0.7cm幅のリボン…176cm
- ●1.2cm幅の伸びどめテープ
  （片面アイロン接着P.29）
  …17.5cm×2本、
  5cm×2本

裁ち図 ✂

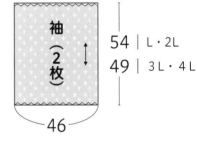

作り方 🧵 バルーン袖のワンピース・
バルーン袖のリボンブラウス共通

1 前・後ろの中心とタックを縫う

❶前・後ろ身頃を中表に合わせて脇でそろえ、
　左右の肩と脇を縫う

❷前身頃を中表に合わせて
　中心を縫う

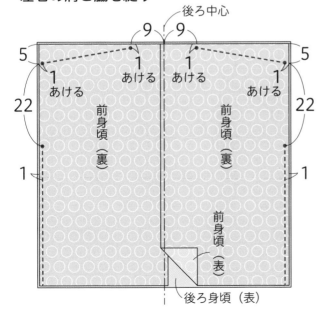

2 衿ぐりを作る

❶左右の前身頃に衿ぐりの折り線をつける

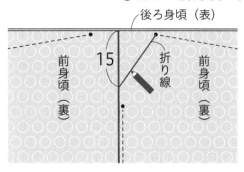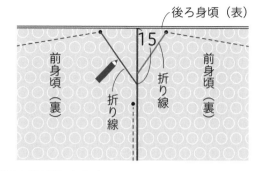

※前身頃中心の縫い代を反対側にたおす

❷左右の衿ぐりの折り線から前身頃中心の縫い止まりまで 伸びどめテープを貼り、衿ぐりを折る

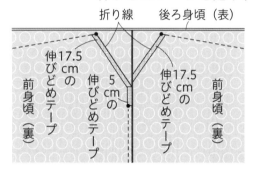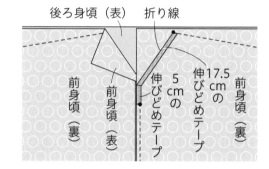

❸左右の衿ぐりに印をつける

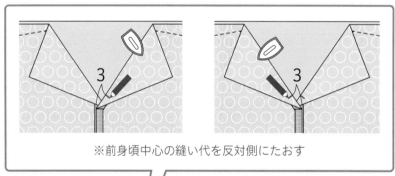

※前身頃中心の縫い代を反対側にたおす

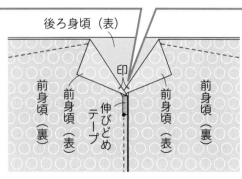

❹印から前身頃中心の縫い代を割る

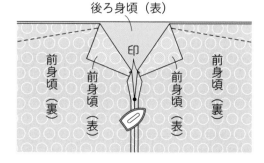

3 衿ぐりを縫う

❶肩の縫い代を後ろ身頃側にたおす

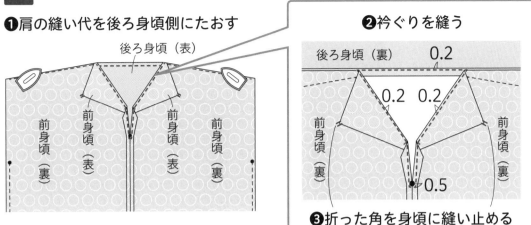

後ろ身頃（表）

前身頃（裏）　前身頃（表）　前身頃（表）　前身頃（裏）

❷衿ぐりを縫う

後ろ身頃（裏）　0.2

0.2　0.2

前身頃（裏）　前身頃（裏）

0.5

❸折った角を身頃に縫い止める

※表側に糸が出ないように小さく縫う

4 袖を作る

❶袖を中表にして二つ折りにして袖下を縫う

❷袖下の縫い代を割り、外表に二つ折りする

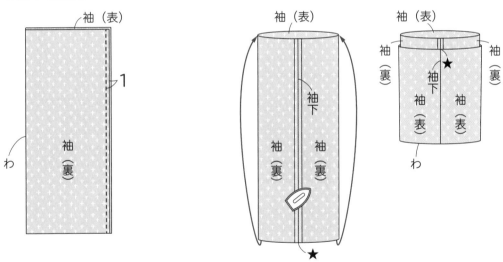

袖（表）

1

わ

袖（裏）

袖（表）

袖下

袖（裏）　袖（裏）

★

袖（表）

袖（裏）　袖（裏）

袖下　★

袖（表）　袖（表）

わ

❸袖下を時計回りにずらして縫う

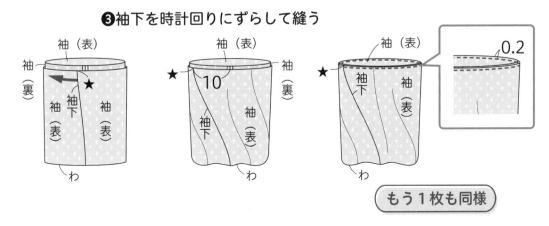

袖（表）

袖（裏）

袖下

袖（表）　袖（表）

わ

★

袖（表）

★　10

袖下

袖（表）

わ

袖（表）

★　袖下

袖（表）

わ

0.2

もう1枚も同様

5 身頃に袖を縫いつける

❶袖下★と脇の☆を合わせる

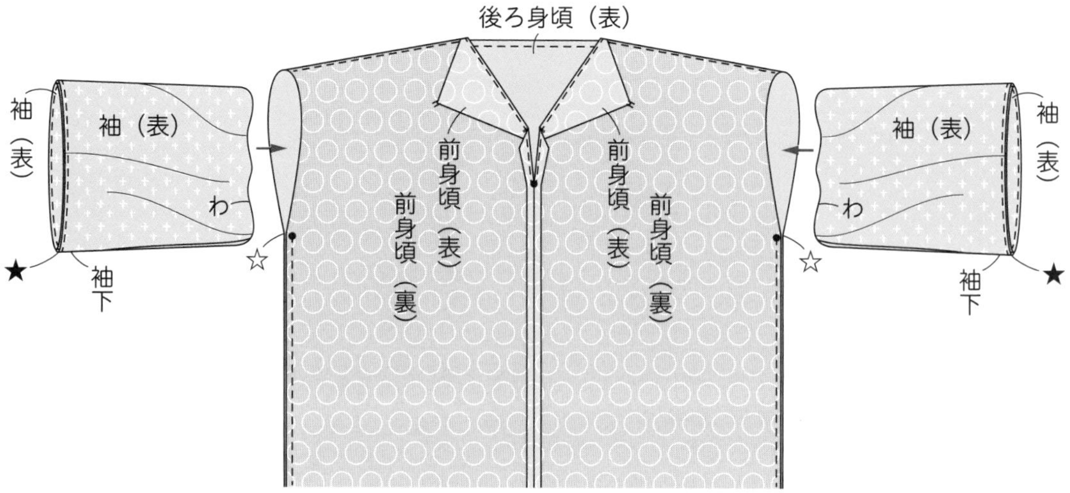

後ろ身頃（表）

袖（表）

袖（表）

わ

★

袖下

☆

前身頃（表）

前身頃（表）

前身頃（裏）

袖（表）

袖（表）

わ

★

袖下

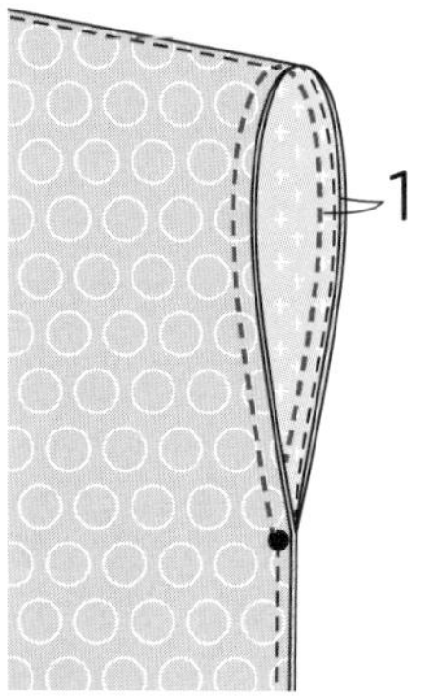

☆

1

❷脇の縫い止まりから
袖ぐりを1周縫う

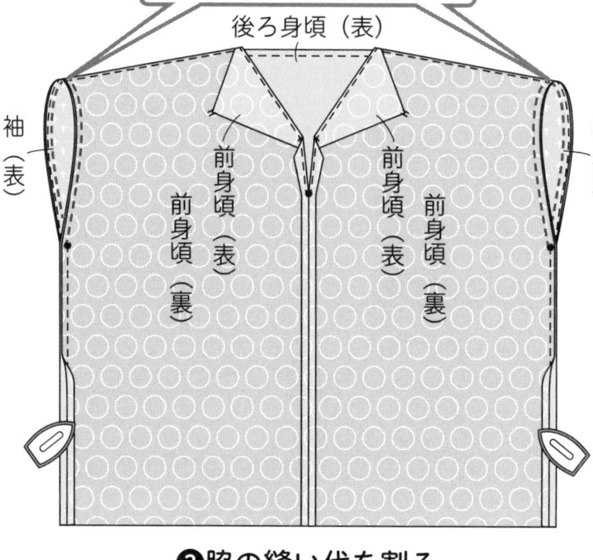

後ろ身頃（表）

袖（表）

袖（表）

前身頃（表）

前身頃（表）

前身頃（裏）

❸脇の縫い代を割る

6 衿ぐりにリボン・レースを縫いつけて、裾を縫う

❶衿ぐりにリボンを縫う

後ろ身頃（表）

後ろ身頃・リボン中心

0.2

0.2

0.2

前身頃（表）

前身頃（表）

リボン

※リボンの左右の長さが均等になるように、後ろ身頃中心とリボンの中心を合わせて縫う

❷リボンの左右の端を三つ折りにして縫う

❶衿ぐりにレースを縫う

後ろ身頃（表）

レース

後ろ身頃・リボン中心

0.2

0.2

0.2

前身頃（表）

前身頃（表）

※レースの左右の端を1cm内側に折って縫う

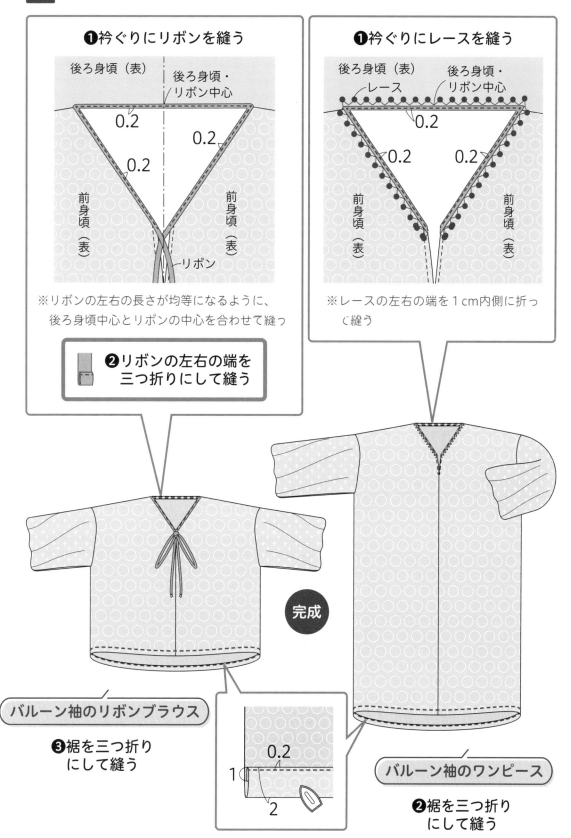

バルーン袖のリボンブラウス

❸裾を三つ折りにして縫う

完成

0.2

1

2

バルーン袖のワンピース

❷裾を三つ折りにして縫う

ゆったりパンツ

写真 P.11

タックパンツ

写真 P.10

仕上がりサイズ

	L	2L	3L	4L
ヒップまわり	114	122	134	
パンツ丈	91			

材料

【ゆったりパンツ】
●布（コットン）
　…110㎝幅×250㎝
●1.2㎝幅の伸びどめテープ
　（片面アイロン接着P.29）
　…適宜
●0.8㎝幅の平ゴム
　…適宜（ウエスト−7㎝を
　調整）×2本

【タックパンツ】
●布（コットン）
　…110㎝幅×200㎝
●1.2㎝幅の伸びどめテープ
　（片面アイロン接着P.29）
　…適宜
●0.8㎝幅の平ゴム
　…適宜（ウエスト−7㎝を
　調整）×2本

裁ち図 ✂

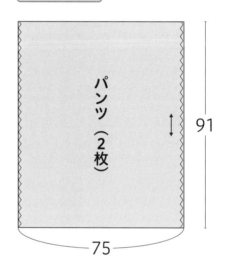

パンツ（2枚）
91
75

ポケット口側

ポケット（2枚）
24
18

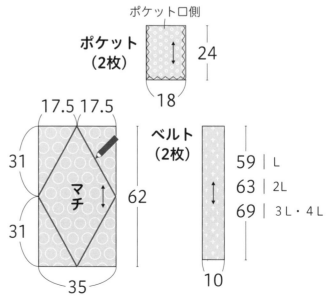

17.5　17.5
31
31
マチ
62
35

ベルト（2枚）
59 | L
63 | 2L
69 | 3L・4L
10

※マチに裁ち線をつける

1 前・後ろの中心とタックを縫う

❶パンツ2枚（AとB）を中表に合わせ、前・後ろの中心とタックを縫う

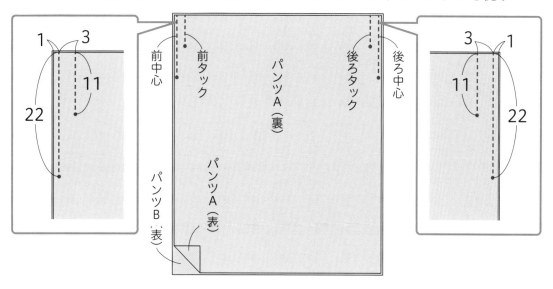

前中心・前タック・後ろタック・後ろ中心（パンツA（裏）・パンツA（表）・パンツB（表））
1・3・11・22

❷前・後ろ中心の縫い代を割り、タックをたたんで押さえ縫いする

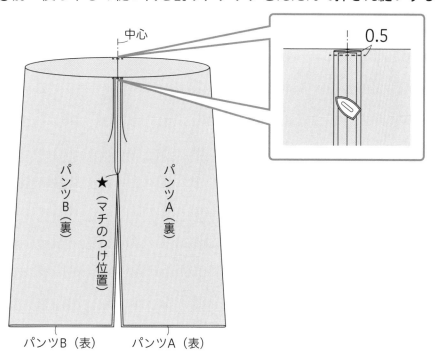

中心・0.5
パンツB（裏）・★（マチのつけ位置）・パンツA（裏）
パンツB（表）・パンツA（表）

2 前・後ろのウエストにタックを縫う
※3Lと4Lはタックなし

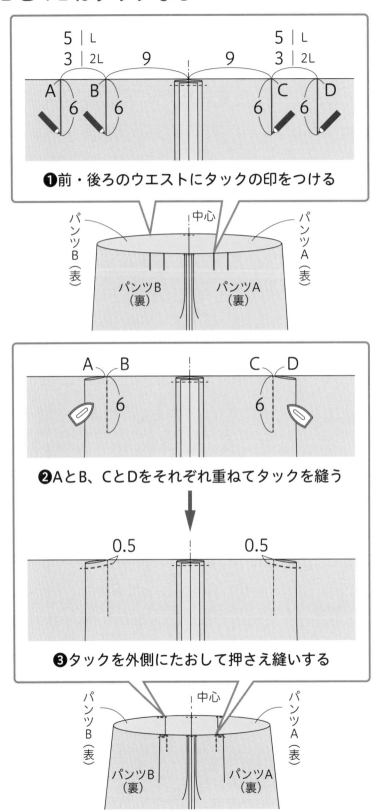

❶前・後ろのウエストにタックの印をつける

❷AとB、CとDをそれぞれ重ねてタックを縫う

❸タックを外側にたおして押さえ縫いする

3 ポケットを縫いつける

❶ポケット口を三つ折りにして縫う

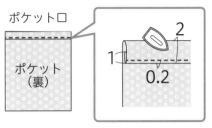

ポケット口

ポケット
（裏）

2

1

0.2

❷底辺、左右の順に縫い代を折る

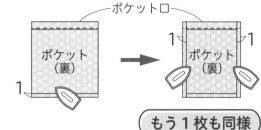

ポケット口

ポケット
（裏）

1

1

ポケット
（裏）

1

1

もう1枚も同様

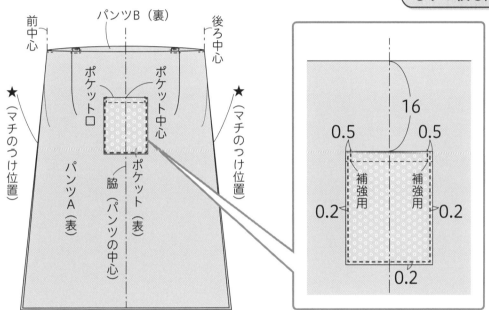

前中心　パンツB（裏）　後ろ中心

ポケット口　ポケット中心

★　（マチのつけ位置）

★　（マチのつけ位置）

パンツA（表）

脇（パンツの中心）

ポケット（表）

16

0.5　0.5

0.2　補強用　補強用　0.2

0.2

反対側も同様

**❸パンツの脇とポケットの中心を合わせて縫い、
ポケット口の両端を補強用に押さえ縫いする**

4 マチに印をつける

**❶裁ち線の内側に伸びどめテープを
貼って裁つ**

❷縫い代線と縫い止まりの印をつける

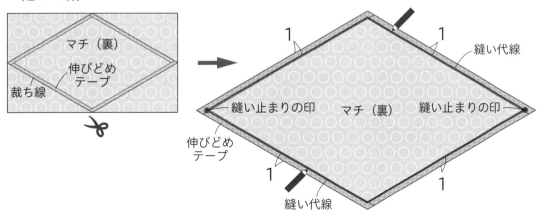

マチ（裏）

伸びどめ
テープ

裁ち線

1　1

縫い代線

縫い止まりの印　マチ（裏）　縫い止まりの印

伸びどめ
テープ

1　1

縫い代線

5 パンツをマチに縫いつける

❶前中心側でパンツとマチを中表に合わせ、
★から矢印の方向に縫い止まりの印まで縫い合わせる

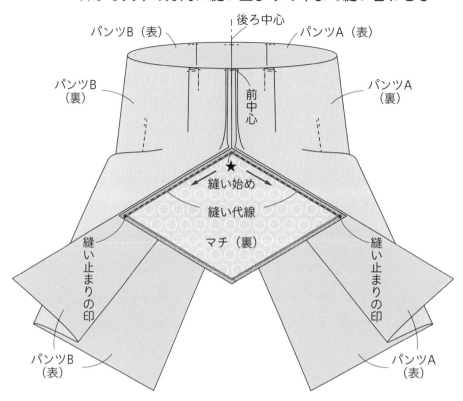

パンツB（表）
後ろ中心
パンツA（表）
パンツB（裏）
前中心
パンツA（裏）
★
縫い始め
縫い代線
縫い止まりの印
マチ（裏）
縫い止まりの印
パンツB（表）
パンツA（表）

❷後ろ中心側でパンツとマチを中表に合わせ、
★から矢印の方向に縫い止まりの印まで縫い合わせる

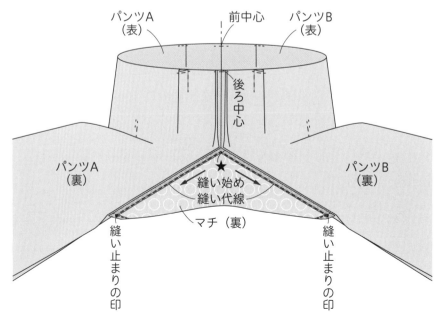

パンツA（表）
前中心
パンツB（表）
パンツA（裏）
後ろ中心
パンツB（裏）
★
縫い始め
縫い代線
マチ（裏）
縫い止まりの印
縫い止まりの印

6 股下を縫う

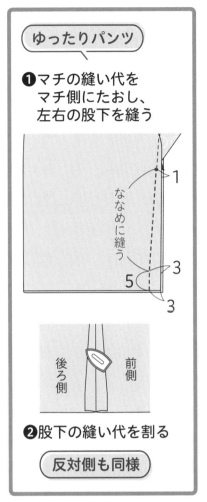

ゆったりパンツ

❶マチの縫い代を
マチ側にたおし、
左右の股下を縫う

ななめに縫う

1

5

3

3

後ろ側 前側

❷股下の縫い代を割る

反対側も同様

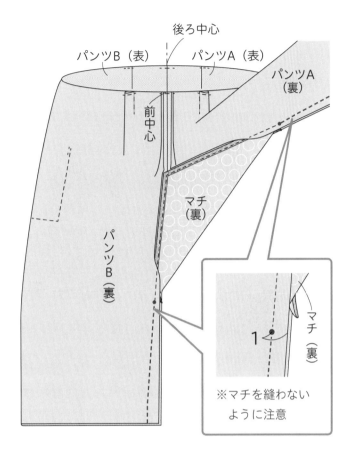

後ろ中心

パンツB（表）　　パンツA（表）　　パンツA
（裏）

前中心

マチ
（裏）

パンツB
（裏）

1

マチ
（裏）

※マチを縫わない
　ように注意

タックパンツ

❶マチの縫い代をマチ側にたおして左右の股下を縫い、
脇側の裾にタックを縫う

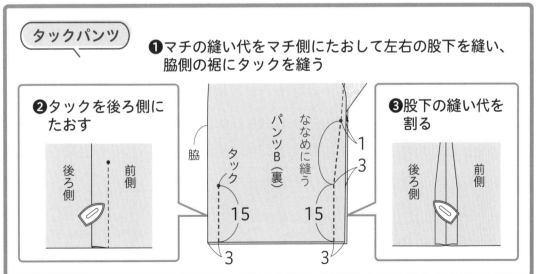

❷タックを後ろ側に
たおす

後ろ側 前側

脇

タック

パンツB（裏）

ななめに縫う

1

3

15

15

3

3

❸股下の縫い代を
割る

後ろ側 前側

反対側も同様

7 ベルトをパンツに縫いつける

❶ベルトを中表に合わせ、ベルトの脇を縫う
（片側は通し口をあけて縫う）

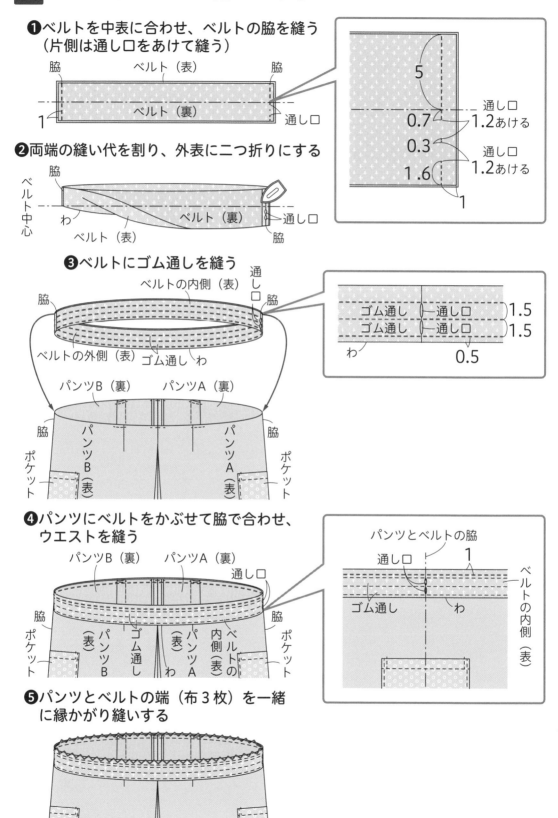

脇　　ベルト（表）　　脇

ベルト（裏）

1

通し口

5

0.7　通し口
　　　1.2あける

0.3　通し口
1.6　1.2あける

1

❷両端の縫い代を割り、外表に二つ折りにする

ベルト中心
脇
わ
ベルト（表）
ベルト（裏）
通し口
脇

❸ベルトにゴム通しを縫う

通し口
脇
ベルトの内側（表）
脇
ベルトの外側（表）　ゴム通し　わ

ゴム通し　通し口　1.5
ゴム通し　通し口　1.5
わ　　　　0.5

パンツB（裏）　　パンツA（裏）

脇　　　　　　　　　　　　脇
ポケット
パンツB（表）　　パンツA（表）
ポケット

❹パンツにベルトをかぶせて脇で合わせ、
ウエストを縫う

パンツB（裏）　　パンツA（裏）　　通し口

脇
ポケット
パンツB（表）　ゴム通し　パンツA（表）　わ　ベルトの内側（表）
脇
ポケット

パンツとベルトの脇
通し口　1
ゴム通し　わ　ベルトの内側（表）

❺パンツとベルトの端（布3枚）を一緒
に縁かがり縫いする

52

8 ウエストに平ゴムを通し、裾を縫う

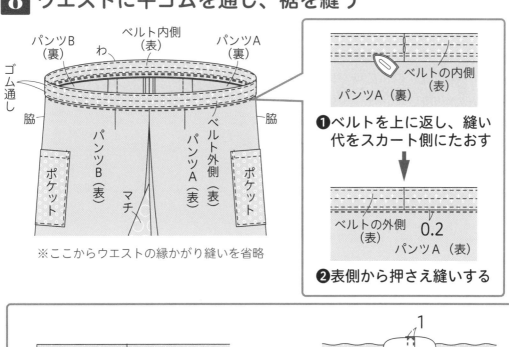

パンツB（裏）　ベルト内側（表）　わ　パンツA（裏）

ゴム通し　脇

ポケット　パンツB（表）　マチ　ベルト外側（表）　パンツA（表）　脇　ポケット

※ここからウエストの縁かがり縫いを省略

❶ベルトを上に返し、縫い代をスカート側にたおす

ベルトの内側（表）
パンツA（裏）

↓

ベルトの外側（表）　0.2
パンツA（表）

❷表側から押さえ縫いする

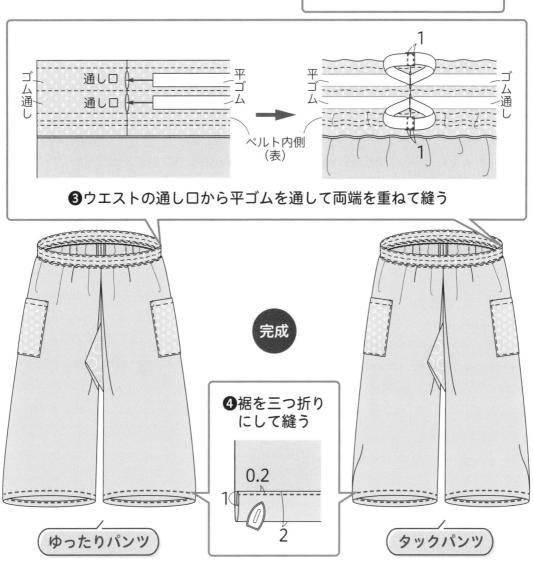

ゴム通し　通し口　通し口　平ゴム　平ゴム

平ゴム　ゴム通し　ベルト内側（表）　1　1

❸ウエストの通し口から平ゴムを通して両端を重ねて縫う

完成

❹裾を三つ折りにして縫う

0.2
1　2

ゆったりパンツ　　タックパンツ

※単位は㎝
←→ 布のたて地の方向（裁ち図のみに記載）
〰〰 縁かがり縫い（裁ち図のみに記載）

----- 解説している縫い線
----- 縫い終えた線
●--- 縫い止まり

バルーン
スカート

写真 P.12

リバーシブル
バルーンスカート

写真 P.13

材料

● 表布（ポリエステル）
　…110㎝幅×200㎝
● 裏布（ポリエステル）
　…110㎝幅×200㎝
● 2.5㎝幅の平ゴム
　…適宜（ウエスト−7㎝を
　　調整）

仕上がりサイズ

	L	2L	3L	4L
ヒップまわり	フリーサイズ			
スカート丈	85			

裁ち図 ✄

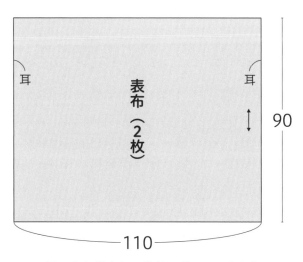

表布
（2枚）

耳　　　耳

90

110

※110㎝幅の布を縦方向に裁断せず、そのまま使用

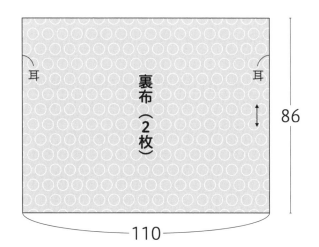

裏布
（2枚）

耳　　　耳

86

110

※110㎝幅の布を縦方向に裁断せず、そのまま使用

1 表布・裏布を縫い合わせる

❶表布を中表に合わせて左右を縫う

〔裏布も同様〕

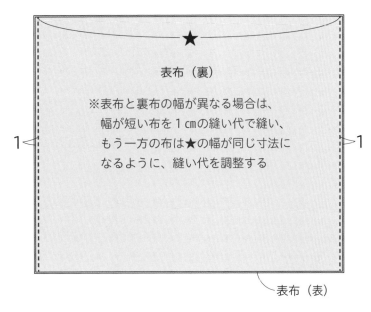

★

表布（裏）

※表布と裏布の幅が異なる場合は、
幅が短い布を1cmの縫い代で縫い、
もう一方の布は★の幅が同じ寸法に
なるように、縫い代を調整する

1

1

表布（表）

2 裾を縫う

❶表布・裏布の縫い代を割り、裏布を表に返す

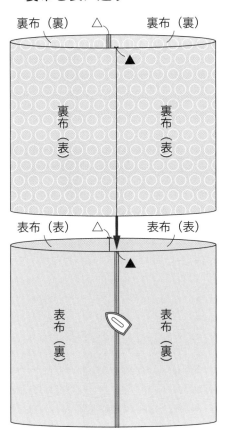

裏布（裏）　△　裏布（裏）

▲

裏布（表）　裏布（表）

表布（表）　△　表布（表）

▲

表布（裏）　表布（裏）

❷表布を裏布の内側に入れ、縫い代（▲・△）を合わせて裾を1周縫う

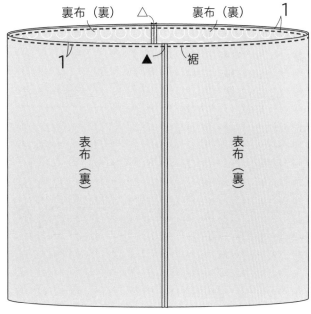

裏布（裏）　△　裏布（裏）　1

1　▲　裾

表布（裏）　表布（裏）

3 ウエストとドレープを作る

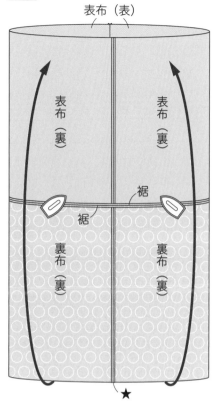

❶裾の縫い代を割り、裏布を表布側に返す

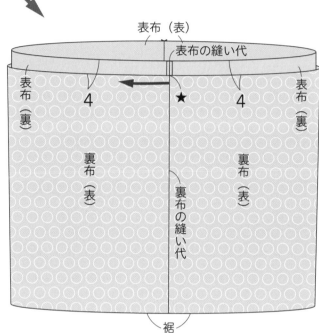

❷裏布を左側に30cmずらして、仮縫いする

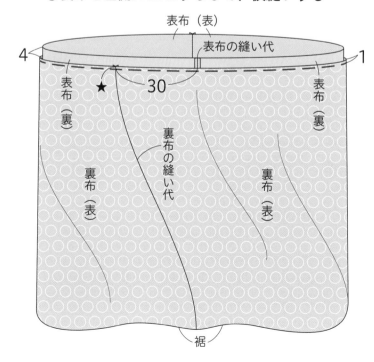

4 ウエストを縫う

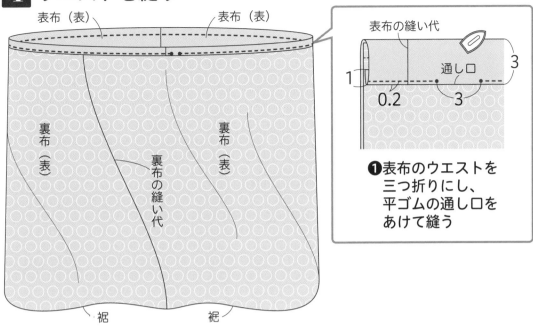

表布（表）　表布（表）

裏布（表）　裏布（表）

裏布の縫い代

裾　裾

表布の縫い代

通し口

1　0.2　3　3

❶表布のウエストを
三つ折りにし、
平ゴムの通し口を
あけて縫う

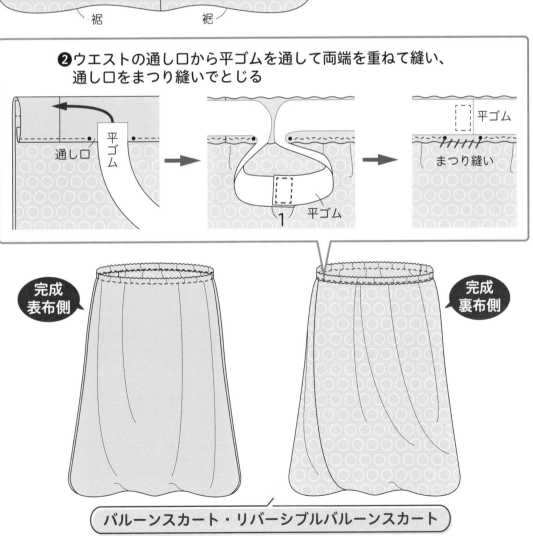

❷ウエストの通し口から平ゴムを通して両端を重ねて縫い、
　通し口をまつり縫いでとじる

通し口　平ゴム

平ゴム　1

平ゴム　まつり縫い

完成
表布側

完成
裏布側

バルーンスカート・リバーシブルバルーンスカート

※単位は㎝
◀──▶ 布のたて地の方向（裁ち図のみに記載）
〰〰 縁かがり縫い（裁ち図のみに記載）

----- 解説している縫い線
----- 縫い終えた線
●---- 縫い止まり

スリットスカート
ロング丈のスカート

写真 P.14　　写真 P.15

仕上がりサイズ

	L	2L	3L	4L
ヒップまわり	150		162	
スカート丈	85			

材料

- 布（ポリエステル）
  …110㎝幅×200㎝
- 0.8㎝幅の平ゴム
  …適宜（ウエスト−7㎝を
  調整）

裁ち図 ✂

前スカート（1枚）
後ろスカート（1枚）

89.5

77　｜　83
L・2L　｜　3L・4L

ミモレ丈のスカート

写真 P.15

仕上がりサイズ

	L	2L	3L	4L
ヒップまわり	150		162	
スカート丈	76			

材料

- 布（コットン）
  …110㎝幅×200㎝
- 0.8㎝幅の平ゴム
  …適宜（ウエスト−7㎝を
  調整）

裁ち図 ✂

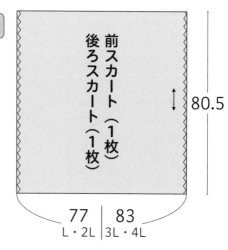

前スカート（1枚）
後ろスカート（1枚）

80.5

77　｜　83
L・2L　｜　3L・4L

1 スカートの脇と裾を縫う

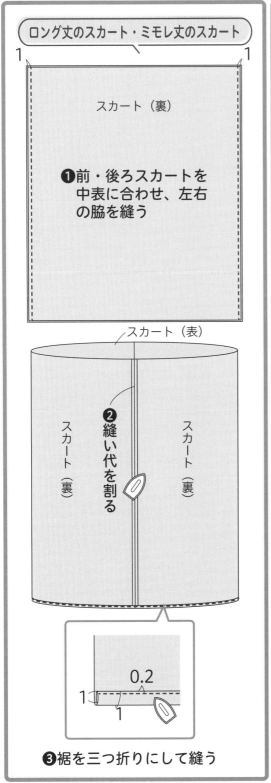

ロング丈のスカート・ミモレ丈のスカート

1　　　　　　　　　　　　1

スカート（裏）

❶前・後ろスカートを
中表に合わせ、左右
の脇を縫う

スカート（表）

❷縫い代を割る

スカート（裏）

スカート（裏）

0.2

1

1

❸裾を三つ折りにして縫う

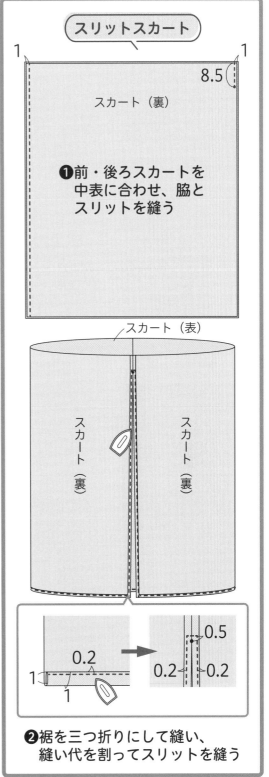

スリットスカート

1　　　　　　　　　　　　1

8.5

スカート（裏）

❶前・後ろスカートを
中表に合わせ、脇と
スリットを縫う

スカート（表）

スカート（裏）

スカート（裏）

0.2
1
1

0.5
0.2　0.2

❷裾を三つ折りにして縫い、
縫い代を割ってスリットを縫う

2 ウエストを縫う

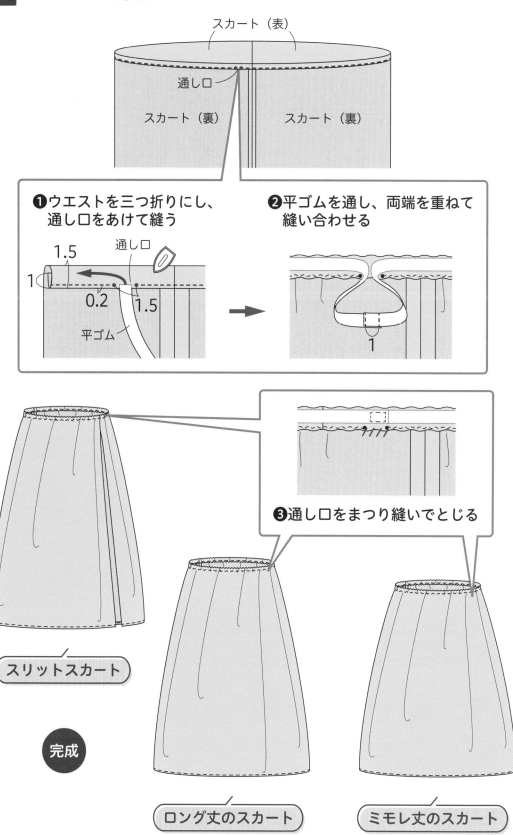

スカート（表）

通し口

スカート（裏）　　　スカート（裏）

❶ウエストを三つ折りにし、
通し口をあけて縫う

通し口

1.5

1

0.2　　1.5

平ゴム

❷平ゴムを通し、両端を重ねて
縫い合わせる

1

❸通し口をまつり縫いでとじる

スリットスカート

完成

ロング丈のスカート

ミモレ丈のスカート

Aラインコート

Aラインコート

写真 P.19

材料

- ●布（ポリエステル・シャンタン）
  …110cm幅×350cm
- ●1.2cm幅の伸びどめテープ（片面アイロン接着P.29）
  …適宜
- ●直径0.8cmのくるみスナップボタン（P.68）…8組

仕上がりサイズ

	L	2L	3L	4L
身幅	63		68	
着丈	115			

裁ち図 ✂

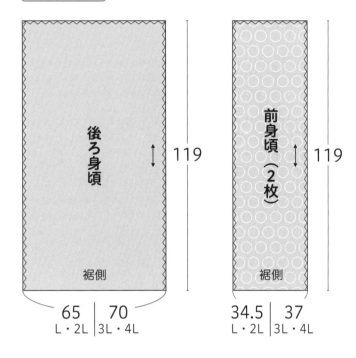

後ろ身頃
裾側
119
65 | 70
L・2L | 3L・4L

前身頃（2枚）
裾側
119
34.5 | 37
L・2L | 3L・4L

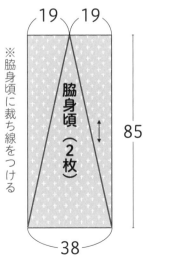

19　19
脇身頃（2枚）
85
38
※脇身頃に裁ち線をつける

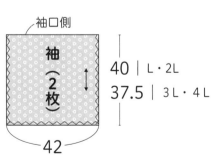

袖口側
袖（2枚）
40 | L・2L
37.5 | 3L・4L
42

1 前身頃の中央と肩を縫う

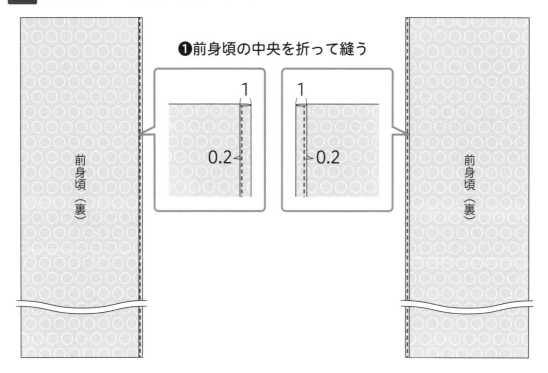

❶前身頃の中央を折って縫う

❷前・後ろ身頃を中表に合わせて脇でそろえ、
左右の肩を縫う

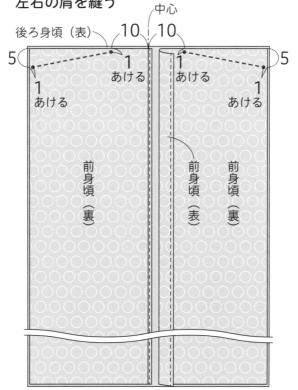

② 衿ぐりを作って縫う

❶衿ぐりの折り線をつける

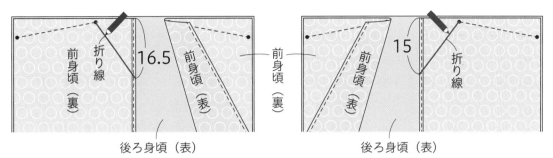

前身頃（裏）
折り線
16.5
前身頃（表）
前身頃（裏）
後ろ身頃（表）

前身頃（表）
15
折り線
前身頃（裏）
後ろ身頃（表）

❷左右の衿ぐりの折り線で衿ぐりを折る

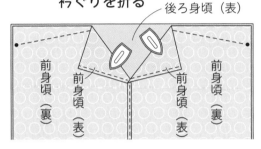

後ろ身頃（表）
前身頃（裏）
前身頃（表）
前身頃（表）
前身頃（裏）

❸折った衿ぐりに裁ち線をつける

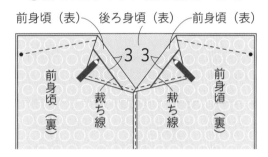

前身頃（表）　後ろ身頃（表）　前身頃（表）
3　3
前身頃（裏）
裁ち線
裁ち線
前身頃（裏）

❹裁ち線で裁ち、三つ折りにする

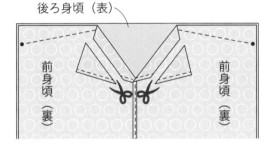

後ろ身頃（表）
前身頃（裏）
前身頃（裏）

❺表に縫い目がでないようにまつり縫いする

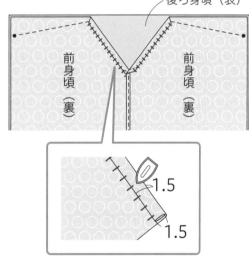

後ろ身頃（表）
前身頃（裏）
前身頃（裏）
1.5
1.5

❻肩の縫い代を割り、後ろ衿ぐりを［┌ ┐］に縫う

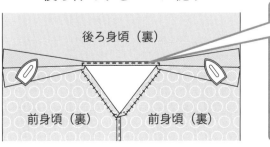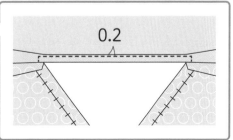

後ろ身頃（裏）
前身頃（裏）　前身頃（裏）
0.2

3 脇身頃を縫いつけ、脇を縫う

❶脇身頃の裁ち線の内側に伸びどめテープを貼って裁つ

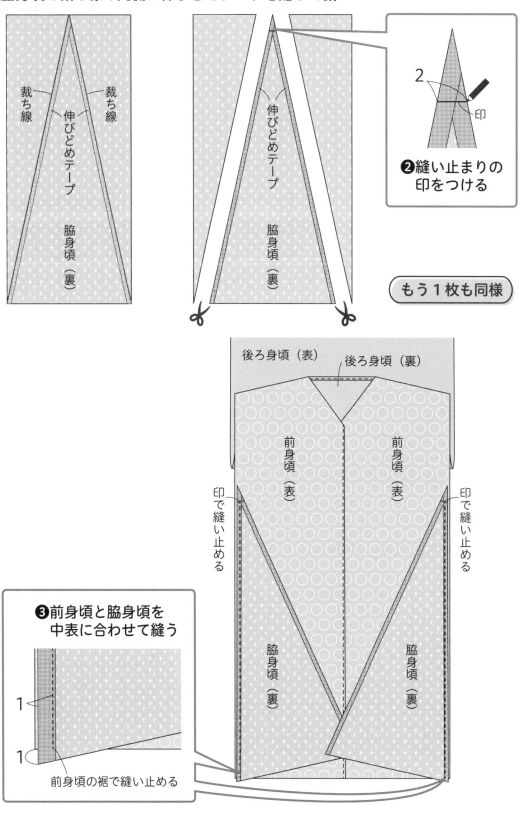

裁ち線

裁ち線

伸びどめテープ

脇身頃（裏）

伸びどめテープ

脇身頃（裏）

2

印

❷縫い止まりの印をつける

もう1枚も同様

後ろ身頃（表）　　後ろ身頃（裏）

前身頃（表）

前身頃（表）

印で縫い止める

印で縫い止める

脇身頃（裏）

脇身頃（裏）

❸前身頃と脇身頃を中表に合わせて縫う

1

1

前身頃の裾で縫い止める

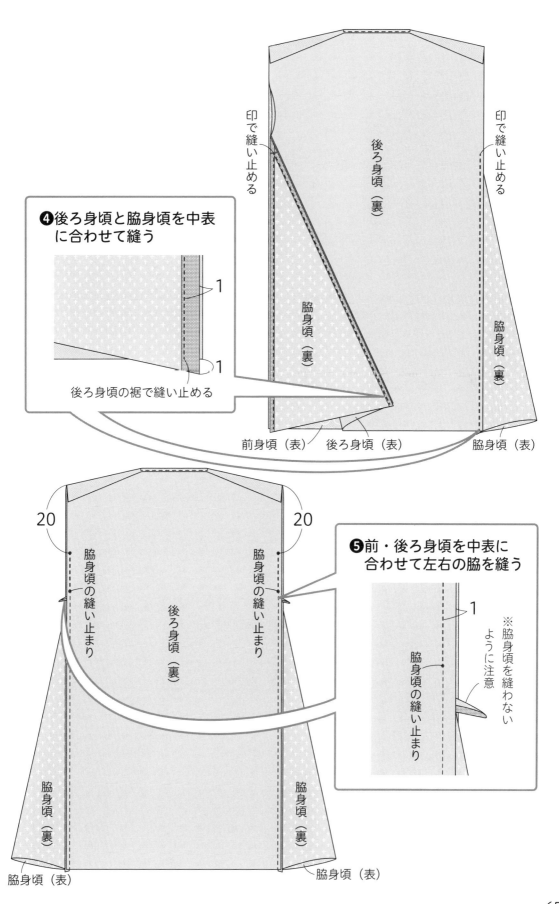

❹後ろ身頃と脇身頃を中表に合わせて縫う

後ろ身頃の裾で縫い止める

1
1

印で縫い止める

印で縫い止める

後ろ身頃（裏）

脇身頃（裏）

脇身頃（裏）

前身頃（表）　後ろ身頃（表）　脇身頃（表）

❺前・後ろ身頃を中表に合わせて左右の脇を縫う

1

※脇身頃を縫わないように注意

脇身頃の縫い止まり

20　　20

脇身頃の縫い止まり

脇身頃の縫い止まり

後ろ身頃（裏）

脇身頃（裏）

脇身頃（裏）

脇身頃（表）　　　脇身頃（表）

4 袖を作り、身頃に縫いつける

❶袖を中表にして二つ折りにして
　袖下を縫う

❷縫い代を割り、
　袖口を三つ折りにして縫う

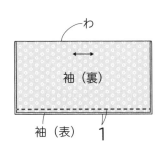

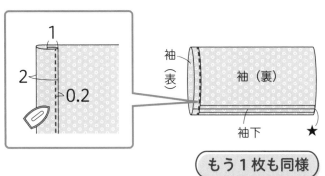

もう1枚も同様

❸袖を表に返し、袖下の★と脇の☆を合わせる

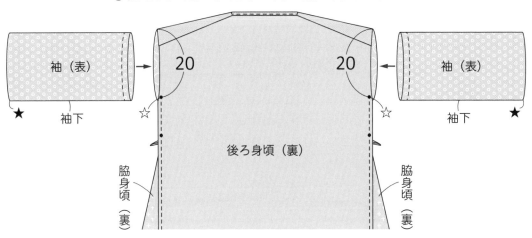

❹脇の縫い止まりから袖ぐりを1周縫う

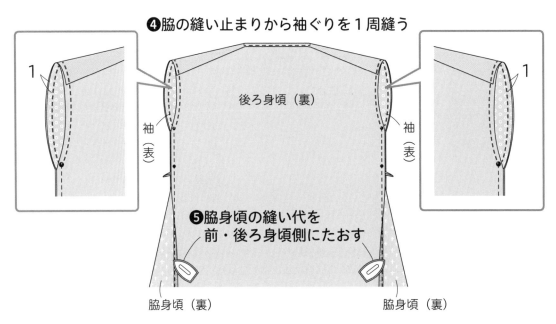

❺脇身頃の縫い代を
　前・後ろ身頃側にたおす

5 スナップボタンをつけ、裾を縫う

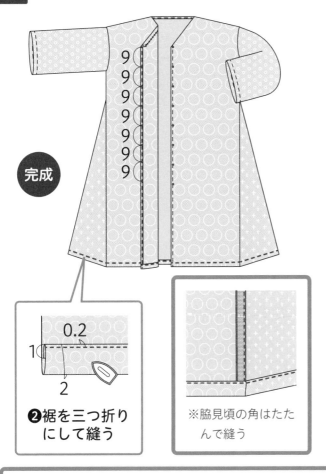

完成

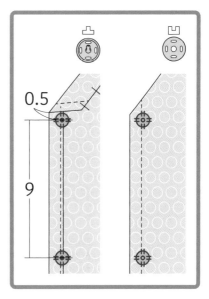

❶スナップボタンを
　凸からつける

※凸を縫いつけたあと、
　凸を凹側の布に押さえ
　て跡をつけ、凹の位置
　を決める

❷裾を三つ折り
　にして縫う

※脇見頃の角はたた
　んで縫う

**スナップボタン
のつけ方**

※ここからマチ針省略

①つけ位置の中心
　から少しはずし
　て、1針すくう

②中央の穴にマチ針
　を通してとめ、縫
　い針をスナップボ
　タンの穴に通す

③布を1針すくい、
　スナップボタン
　の穴に通す

④糸で輪を作り、
　下から針をくぐ
　らせる工程を3
　〜5回繰り返す

⑤布を1針すくっ
　て次の穴に移動
　し、③④を繰り
　返す

⑥縫い終わりの穴
　のきわに結び玉
　を作る

⑦結び玉をスナッ
　プボタンの下に
　入れて糸を切る

※単位は㎝
◆——▶ 布のたて地の方向（裁ち図のみに記載）
〰〰 縁かがり縫い（裁ち図のみに記載）
----- 解説している縫い線
----- 縫い終えた線
●——● 縫い止まり

Aラインワンピース

写真 P.18

材料

- ●布（コットン）
  …110㎝幅×350㎝
- ●1.2㎝幅の伸びどめテープ
  （片面アイロン接着P.29）
  …適宜
- ●直径0.8㎝のくるみスナッ
  プボタン…1組

仕上がりサイズ

	L	2L	3L	4L
身幅	63		68	
着丈	120			

裁ち図 ✂

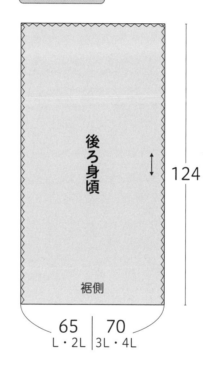

後ろ身頃

裾側

124

65	70
L・2L	3L・4L

前身頃（2枚）

裾側

124

34.5	37
L・2L	3L・4L

19　19

脇身頃（2枚）

90

38

※脇身頃に裁ち線をつける

Aラインブラウス

写真 P.16

写真 P.17

材料

- ●布（紺の柄＝リネン・白＝ポリエステル）
  …110cm幅×150cm
- ●1.2cm幅の伸びどめテープ（片面アイロン接着P.29）…適宜
- ●直径0.8cmのくるみスナップボタン…1組

仕上がりサイズ

	L	2L	3L	4L
身幅	63		68	
着丈	60			

裁ち図 ✂

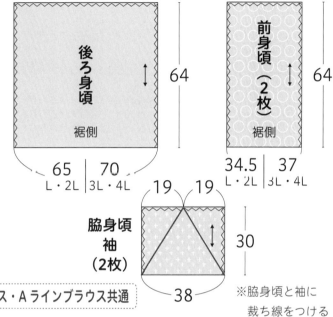

後ろ身頃　裾側　64

前身頃（2枚）　裾側　64

65 L・2L ｜ 70 3L・4L

34.5 L・2L ｜ 37 3L・4L

19 19

脇身頃 袖（2枚）　30

38

※脇身頃と袖に裁ち線をつける

作り方 🧵 Aラインワンピース・Aラインブラウス共通

1 前身頃の中心と肩を縫う

❶前身頃を中表に合わせ、中心を縫う

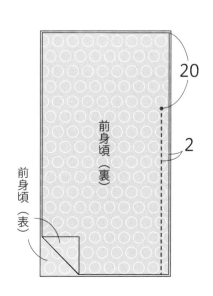

前身頃（裏）

前身頃（表）

20

2

❷前・後ろ身頃を中表に合わせて脇でそろえ、左右の肩を縫う

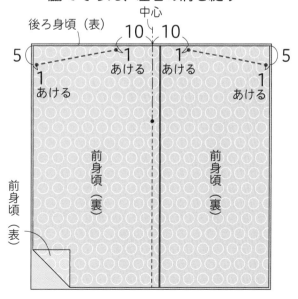

中心

後ろ身頃（表）

10 10

5

1 あける

1 あける

1 あける

1 あける

5

前身頃（裏）

前身頃（裏）

前身頃（表）

2 衿ぐりを作って縫う

❶衿ぐりの折り線をつけて折る

後ろ身頃（表）

16.5

折り線

前身頃（裏）

前身頃（裏）

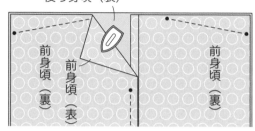

後ろ身頃（表）

前身頃（裏）

前身頃（表）

前身頃（裏）

❷縫い代を割り、衿ぐりの折り線をつけて折る

後ろ身頃（表）

15

折り線

前身頃（裏）

前身頃（表）

前身頃（裏）

❸折った衿ぐりに裁ち線をつける

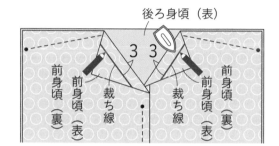

後ろ身頃（表）

3　3

前身頃（裏）

前身頃（表）

裁ち線

裁ち線

前身頃（表）

前身頃（裏）

❹裁ち線で裁ち、三つ折りにする

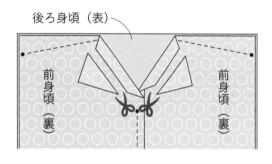

後ろ身頃（表）

前身頃（裏）

前身頃（裏）

❺表に縫い目がでないようにまつり縫いする

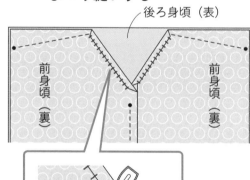

後ろ身頃（表）

前身頃（裏）

前身頃（裏）

1.5

1.5

❻肩の縫い代を割り、後ろ衿ぐりを⌐ ̄ ̄⌐に縫う

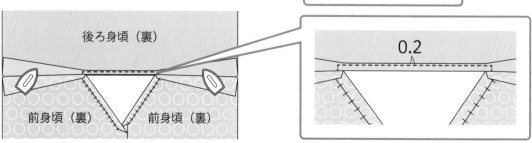

後ろ身頃（裏）

0.2

前身頃（裏）　　　前身頃（裏）

3 袖を作り、身頃に縫いつける

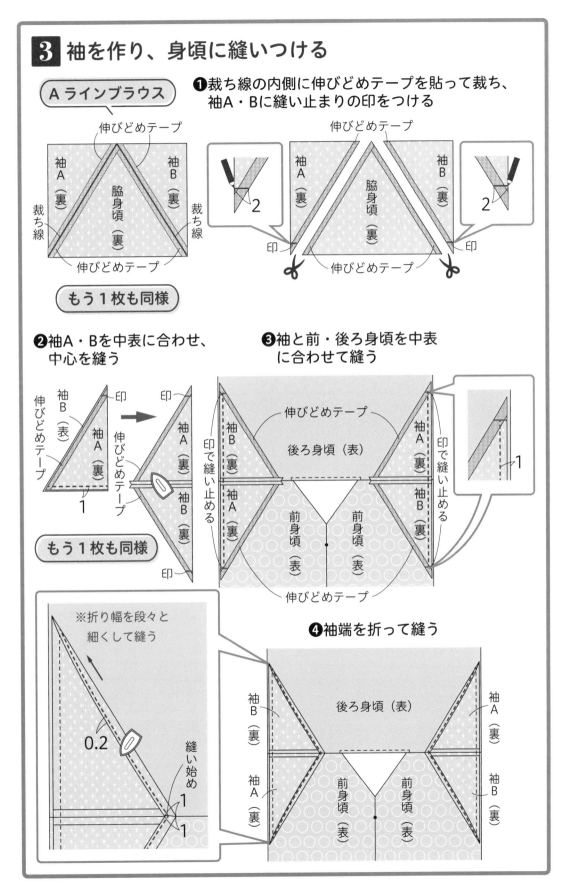

A ラインブラウス

❶裁ち線の内側に伸びどめテープを貼って裁ち、袖A・Bに縫い止まりの印をつける

伸びどめテープ

袖A（裏）　脇身頃（裏）　袖B（裏）

裁ち線　　　　　　　　　裁ち線

伸びどめテープ

もう1枚も同様

伸びどめテープ

袖A（裏）　脇身頃（裏）　袖B（裏）

印　　　　　　　　　　　　印

2　　伸びどめテープ　　2

❷袖A・Bを中表に合わせ、中心を縫う

伸びどめテープ

袖B（表）　印

袖A（裏）

1

もう1枚も同様

印　　印

袖A（裏）

伸びどめテープ

袖B（裏）

印で縫い止める

印

❸袖と前・後ろ身頃を中表に合わせて縫う

伸びどめテープ

後ろ身頃（表）

袖B（裏）　　　袖A（裏）

袖A（裏）　　　袖B（裏）

印で縫い止める

前身頃（表）　前身頃（表）

伸びどめテープ

1

※折り幅を段々と細くして縫う

0.2

縫い始め

1
1

❹袖端を折って縫う

後ろ身頃（表）

袖B（裏）　　　　　　　　袖A（裏）

袖A（裏）　　　　　　　　袖B（裏）

前身頃（裏）　前身頃（表）

4 脇身頃を縫いつける

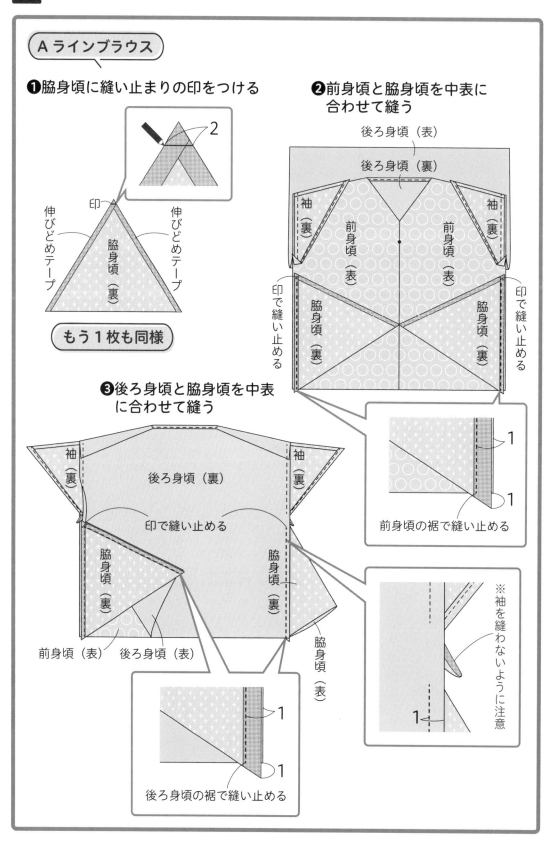

A ラインブラウス

❶脇身頃に縫い止まりの印をつける

2

伸びどめテープ

印

伸びどめテープ

脇身頃（裏）

もう1枚も同様

❷前身頃と脇身頃を中表に合わせて縫う

後ろ身頃（表）

後ろ身頃（裏）

袖（裏）

袖（裏）

前身頃（表）

前身頃（表）

印で縫い止める

印で縫い止める

脇身頃（裏）

脇身頃（裏）

1

1

前身頃の裾で縫い止める

❸後ろ身頃と脇身頃を中表に合わせて縫う

袖（裏）

袖（裏）

後ろ身頃（裏）

印で縫い止める

脇身頃（裏）

脇身頃（裏）

前身頃（表）　後ろ身頃（表）

脇身頃（表）

1

※袖を縫わないように注意

1

後ろ身頃の裾で縫い止める

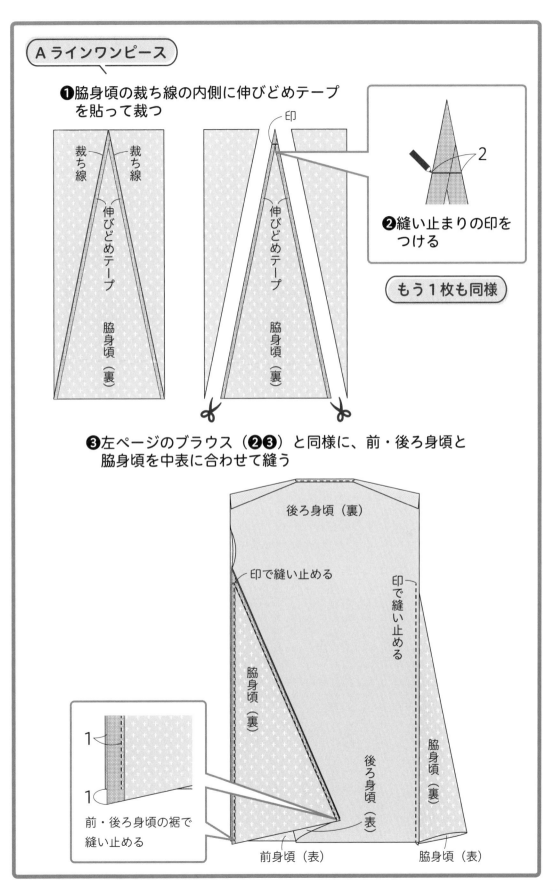

A ラインワンピース

❶脇身頃の裁ち線の内側に伸びどめテープを貼って裁つ

裁ち線　裁ち線

伸びどめテープ

脇身頃（裏）

印

伸びどめテープ

脇身頃（裏）

2

❷縫い止まりの印をつける

もう1枚も同様

❸左ページのブラウス（❷❸）と同様に、前・後ろ身頃と脇身頃を中表に合わせて縫う

後ろ身頃（裏）

印で縫い止める

印で縫い止める

脇身頃（裏）

1

1

前・後ろ身頃の裾で縫い止める

脇身頃（裏）

後ろ身頃（表）

前身頃（表）

脇身頃（表）

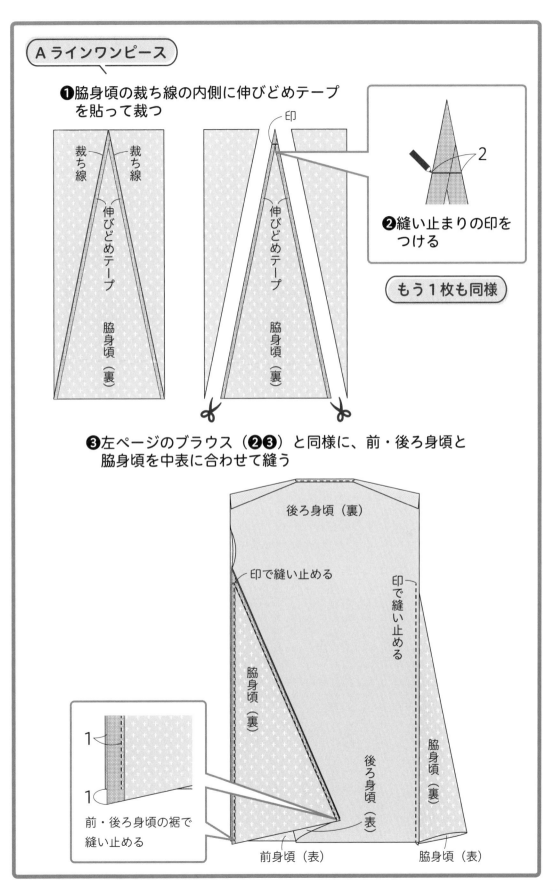

73

5 脇を縫う

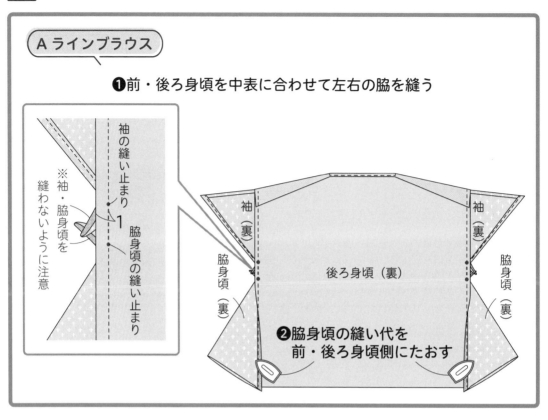

Aラインブラウス

❶前・後ろ身頃を中表に合わせて左右の脇を縫う

袖の縫い止まり

※袖・脇身頃を縫わないように注意

1

脇身頃の縫い止まり

袖（裏）

脇身頃（裏）

袖（裏）

脇身頃（裏）

後ろ身頃（裏）

❷脇身頃の縫い代を前・後ろ身頃側にたおす

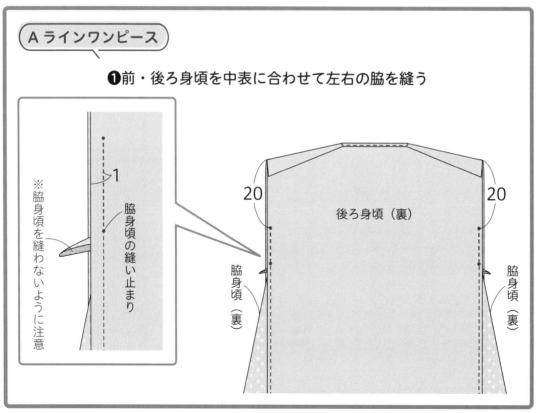

Aラインワンピース

❶前・後ろ身頃を中表に合わせて左右の脇を縫う

1

※脇身頃を縫わないように注意

脇身頃の縫い止まり

20

20

後ろ身頃（裏）

脇身頃（裏）

脇身頃（裏）

6 袖ぐりを縫う

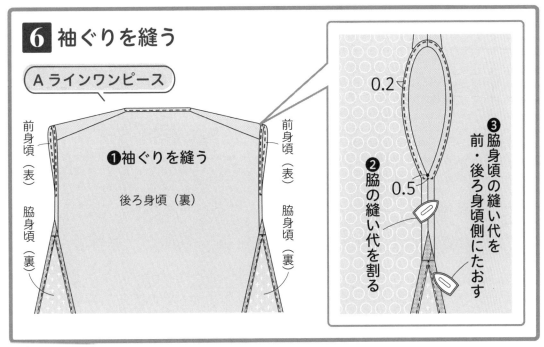

Ａラインワンピース

前身頃（表）
前身頃（表）
後ろ身頃（裏）
脇身頃（裏）
脇身頃（裏）

❶袖ぐりを縫う

0.2

❸脇身頃の縫い代を前・後ろ身頃側にたおす

❷脇の縫い代を割る

0.5

7 スナップボタンをつけ、裾を縫う

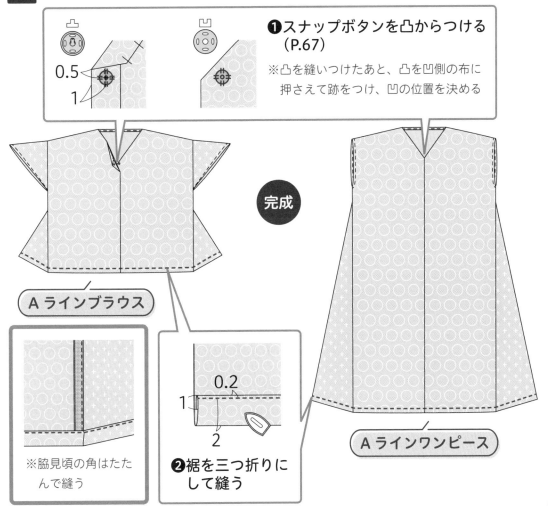

0.5
1

❶スナップボタンを凸からつける（P.67）

※凸を縫いつけたあと、凸を凹側の布に押さえて跡をつけ、凹の位置を決める

Ａラインブラウス

完成

Ａラインワンピース

※脇見頃の角はたたんで縫う

0.2
1
2

❷裾を三つ折りにして縫う

※単位は㎝
◀──▶ 布のたて地の方向（裁ち図のみに記載）
〰〰〰 縁かがり縫い（裁ち図のみに記載）

╌╌╌╌ 解説している縫い線
╌╌╌╌ 縫い終えた線
●╌╌╌ 縫い止まり

ギャザー袖の ワンピース

写真 P.21

仕上がりサイズ

	L	2L	3L	4L
身幅	フリーサイズ			
着丈	119			

材料

●布（ウール）
　…110㎝幅×300㎝
●ウエスト用 2 ㎝幅の平ゴム
　…適宜（ウエスト−7 ㎝を調整）
●袖口用0.8㎝幅の平ゴム
　…31㎝× 2 本
● 1 ㎝幅のリボン
　…200㎝
●ループエンド… 2 個

裁ち図 ✂

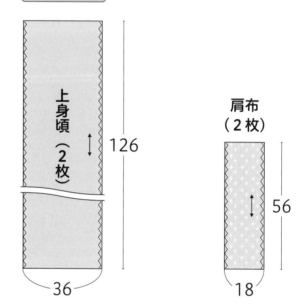

上身頃（ 2 枚） 126
36

肩布（ 2 枚） 56
18

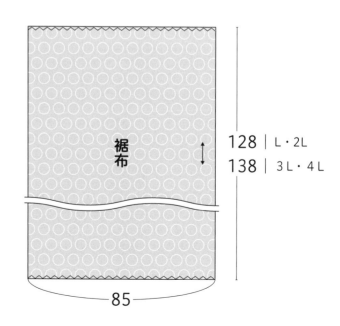

裾布
128 │ L・2L
138 │ 3L・4L
85

ギャザー袖の
ブラウス

写真 P.20

仕上がりサイズ

	L	2L	3L	4L
身幅	フリーサイズ			
着丈	63			

材料

- ●布（コットン）
  …110cm幅×200cm
- ●ウエスト用2cm幅の平ゴム
  …適宜（ウエスト−7cmを調整）
- ●袖口用0.8cm幅の平ゴム
  …31cm×2本

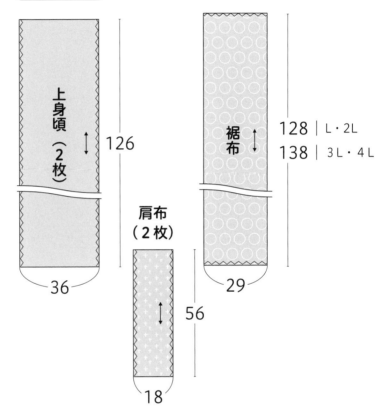

裁ち図 ✂

上身頃（2枚）　126

36

裾布　128 ｜ L・2L　138 ｜ 3L・4L

29

肩布（2枚）

56

18

作り方 🧵 ギャザー袖のワンピース・ギャザー袖のブラウス共通

1 肩布を縫う

❶肩布の衿ぐり側を三つ折りにして縫う

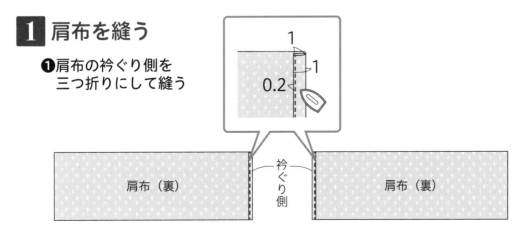

1
1
0.2

肩布（裏）　衿ぐり側　肩布（裏）

2 上身頃と肩布を縫い合わせる

❶上身頃と肩布を中表に合わせて縫う

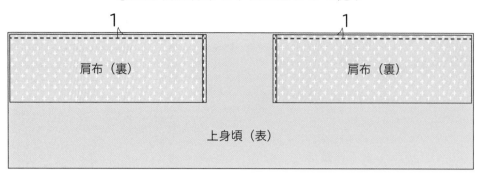

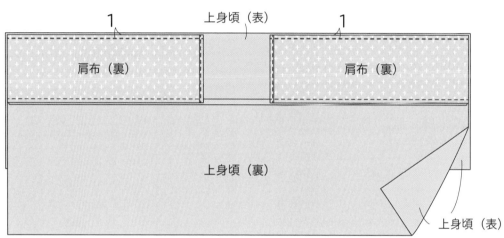

❷肩布を上身頃側にたおし、
衿ぐりを折って[ ]に縫う

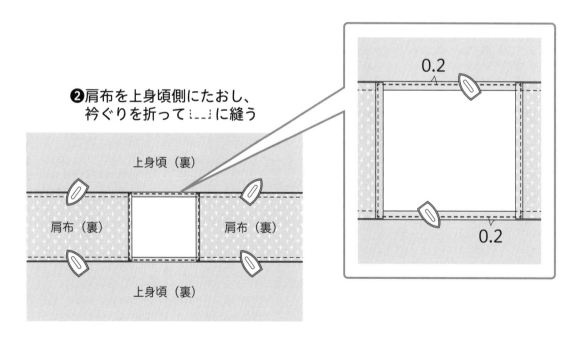

3 袖下を縫う

❶上身頃を中表に合わせて縫う

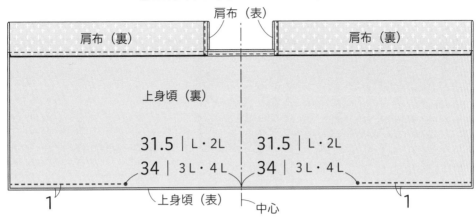

肩布（表）
肩布（裏）　　　　　　　肩布（裏）
上身頃（裏）

31.5 ┃ L・2L　　31.5 ┃ L・2L
34 ┃ 3L・4L　　34 ┃ 3L・4L

1　　上身頃（表）　　中心　　1

ギャザー袖のブラウス

❷裾布を中表に二つ折りにし、通し口をあけて縫う

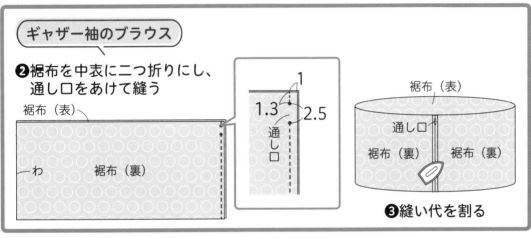

裾布（表）

わ　　裾布（裏）

1
1.3　2.5
通し口

裾布（表）
通し口
裾布（裏）　　裾布（裏）

❸縫い代を割る

ギャザー袖のワンピース

❷裾布を中表に二つ折りにし、通し口をあけて縫う

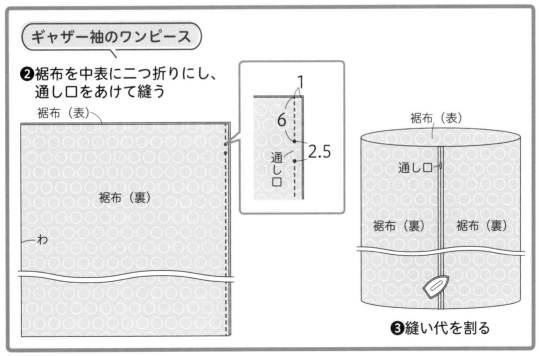

裾布（表）

裾布（裏）

わ

1
6　　2.5
通し口

裾布（表）
通し口
裾布（裏）　　裾布（裏）

❸縫い代を割る

4 上身頃と裾布のウエストを縫い合わせる

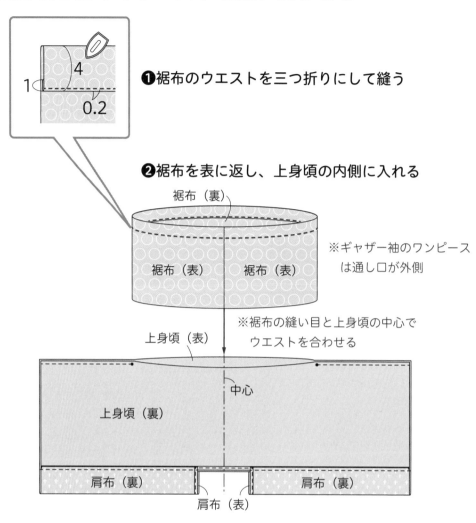

❶裾布のウエストを三つ折りにして縫う

4

1

0.2

❷裾布を表に返し、上身頃の内側に入れる

裾布（裏）

裾布（表）　　裾布（表）

※ギャザー袖のワンピース
　は通し口が外側

※裾布の縫い目と上身頃の中心で
　ウエストを合わせる

上身頃（表）

中心

上身頃（裏）

肩布（裏）　　肩布（表）　　肩布（裏）

❸ウエストを縫う

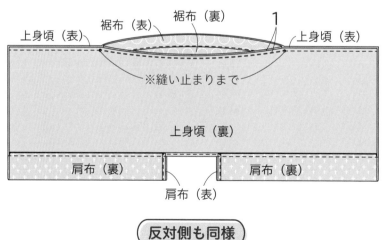

裾布（表）　　裾布（裏）　　1

上身頃（表）　　　　　　　　　　　　上身頃（表）

※縫い止まりまで

上身頃（裏）

肩布（裏）　　肩布（表）　　肩布（裏）

反対側も同様

5 袖口とウエストにゴムを通し、裾を縫う

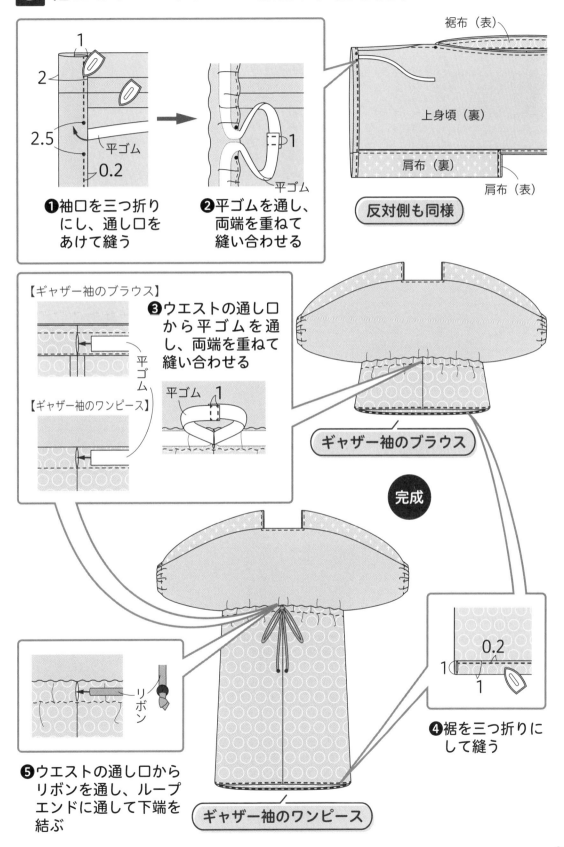

1
2
2.5
平ゴム
0.2

❶袖口を三つ折り
　にし、通し口を
　あけて縫う

平ゴム
1
平ゴム

❷平ゴムを通し、
　両端を重ねて
　縫い合わせる

裾布（表）

上身頃（裏）

肩布（裏）

肩布（表）

反対側も同様

【ギャザー袖のブラウス】

平ゴム

【ギャザー袖のワンピース】

❸ウエストの通し口
　から平ゴムを通
　し、両端を重ねて
　縫い合わせる

平ゴム　1

ギャザー袖のブラウス

完成

リボン

❺ウエストの通し口から
　リボンを通し、ループ
　エンドに通して下端を
　結ぶ

ギャザー袖のワンピース

0.2
1
1

❹裾を三つ折りに
　して縫う

81

※単位はcm
←→ 布のたて地の方向（裁ち図のみに記載）
〰〰 縁かがり縫い（裁ち図のみに記載）

----- 解説している縫い線
----- 縫い終えた線
●---- 縫い止まり

チュニック

写真 P.22

材料

● 上身頃、肩布用の布
（コットン）
…110cm幅×100cm
● 裾布用の布（コットン）
…110cm幅×150cm
● 2cm幅の平ゴム
…適宜（ウエスト−7cm
を調整）

仕上がりサイズ

	L	2L	3L	4L
身幅	フリーサイズ			
着丈	106			

裁ち図 ✂

上身頃（2枚）

96

36

肩布（2枚）

41

18

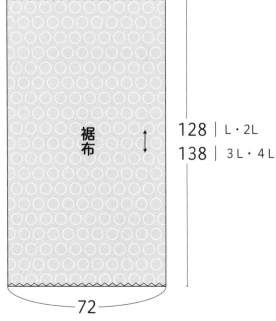

裾布

128 ｜ L・2L
138 ｜ 3L・4L

72

レースチュニック

写真 P.23

材料

● 布
　（耳レース・コットン）
　…110cm幅×250cm
● 2cm幅の平ゴム
　…適宜（ウエスト−7cm
　　を調整）

仕上がりサイズ

	L	2L	3L	4L
身幅	フリーサイズ			
着丈	108			

裁ち図 ✂

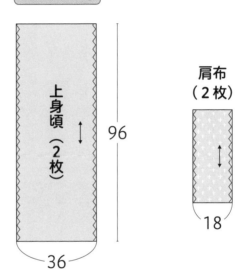

上身頃（2枚）
96
36

肩布（2枚）
41
18

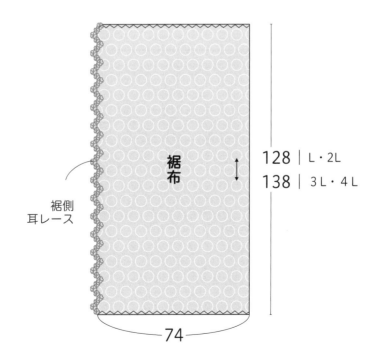

裾側
耳レース

裾布

128 ┃ L・2L
138 ┃ 3L・4L

74

1 肩布を縫う

❶肩布の衿ぐり側を
三つ折りにして縫う

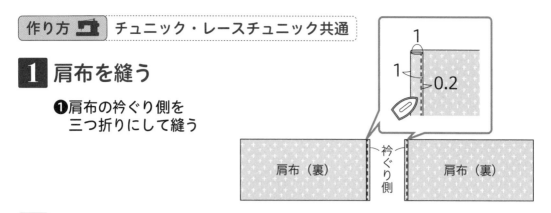

2 上身頃と肩布を縫い合わせる

❶上身頃と肩布を中表に合わせて縫う

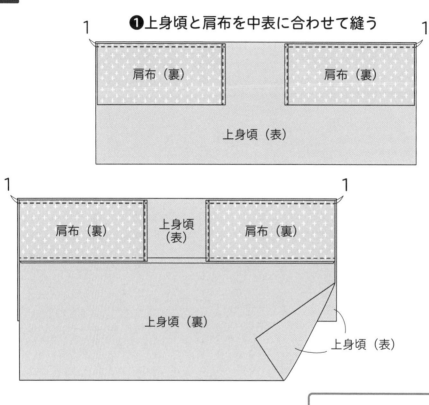

❷肩布を上身頃側にたおし、
衿ぐりを折って┊┄┊に縫う

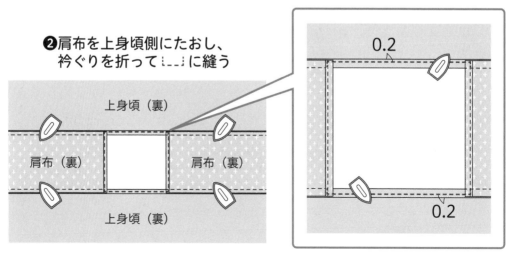

3 袖下を縫う

❶上身頃を中表に合わせて縫う

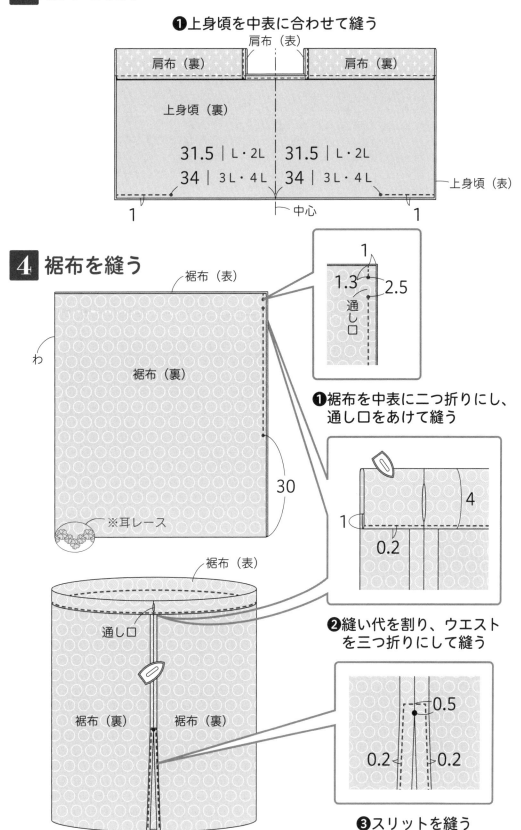

肩布（裏）　肩布（表）　肩布（裏）

上身頃（裏）

| 31.5 | L・2L | 31.5 | L・2L |

| 34 | 3L・4L | 34 | 3L・4L |

上身頃（表）

1　中心　1

4 裾布を縫う

裾布（表）

わ

裾布（裏）

30

※耳レース

1

1.3　2.5

通し口

❶裾布を中表に二つ折りにし、通し口をあけて縫う

1

0.2

4

裾布（表）

通し口

裾布（裏）　裾布（裏）

❷縫い代を割り、ウエストを三つ折りにして縫う

0.5

0.2　0.2

❸スリットを縫う

5 上身頃と裾布のウエストを縫い合わせる

❶裾布を表に返し、上身頃の内側に入れる

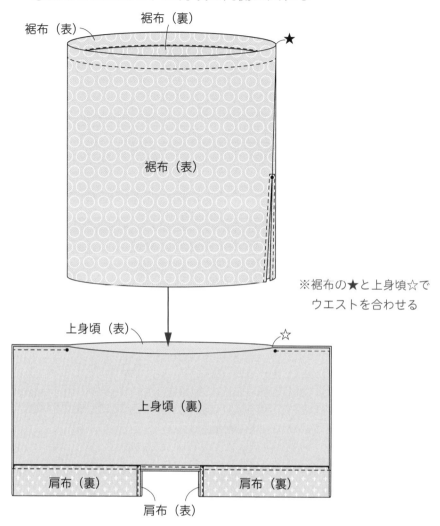

裾布（表）
裾布（裏）
★

裾布（表）

※裾布の★と上身頃☆で
ウエストを合わせる

上身頃（表）
☆

上身頃（裏）

肩布（裏）
肩布（表）
肩布（裏）

❷ウエストを縫う

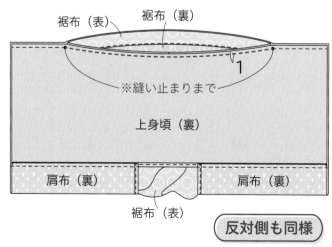

裾布（表）
裾布（裏）

1

※縫い止まりまで

上身頃（裏）

肩布（裏）
裾布（表）
肩布（裏）

反対側も同様

6 袖口を縫い、ウエストにゴムを通す

❶袖口を三つ折りにして縫う

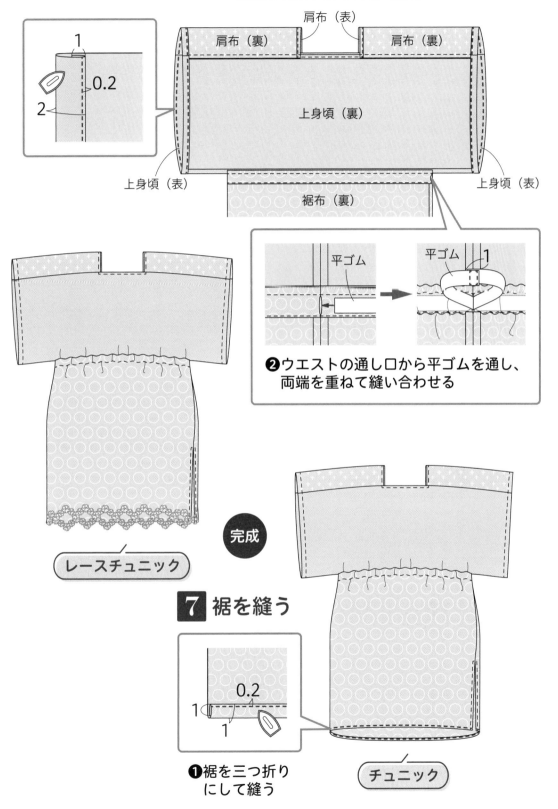

肩布（表）

肩布（裏）　　肩布（裏）

上身頃（裏）

上身頃（表）　　裾布（裏）　　上身頃（表）

平ゴム

平ゴム　　1

❷ウエストの通し口から平ゴムを通し、両端を重ねて縫い合わせる

0.2

1
2

レースチュニック

完成

7 裾を縫う

0.2

1
1

❶裾を三つ折りにして縫う

チュニック

	-----	解説している縫い線
※単位はcm		
←→ 布のたて地の方向（裁ち図のみに記載）	-----	縫い終えた線
〰〰 縁かがり縫い（裁ち図のみに記載）	●----	縫い止まり

あわせベスト

写真 P.24

材料

- ●布（ポリエステル）
  - …110cm幅×250cm
- ●0.8cm幅の平ゴム
  - … L＝13cm
    - 2L＝16cm
    - 3L＝19cm
    - 4L＝22cm
    - ×2本
- ●1cm幅のリボン
  - …54cm×4本

仕上がりサイズ

	L	2L	3L	4L
身幅	フリーサイズ			
着丈	108			

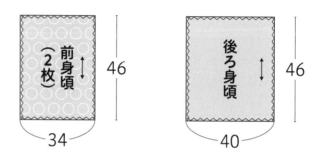

裁ち図 ✂

前身頃（2枚） 46　34

後ろ身頃 46　40

袖ぐり側

脇布（2枚） 18.5

18	21	24	27
L	2L	3L	4L

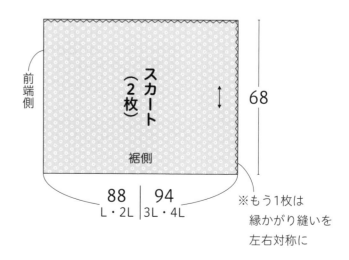

前端側

スカート（2枚） 68

裾側

88	94
L・2L	3L・4L

※もう1枚は
縁かがり縫いを
左右対称に

あわせベストロング

写真 P.25

仕上がりサイズ

	L	2L	3L	4L
身幅	フリーサイズ			
着丈	120			

材料

● 布（コットン）
　…110cm幅×250cm
● 0.8cm幅の平ゴム
　… L＝13cm
　　2L＝16cm
　　3L＝19cm
　　4L＝22cm
　　×2本
● 1cm幅のリボン
　…54cm×4本

裁ち図 ✂

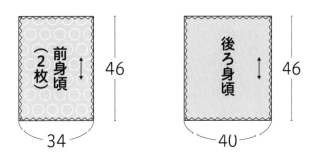

前身頃（2枚） 46 / 34

後ろ身頃 46 / 40

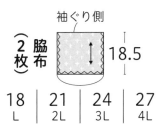

袖ぐり側

脇布（2枚） 18.5

| 18 L | 21 2L | 24 3L | 27 4L |

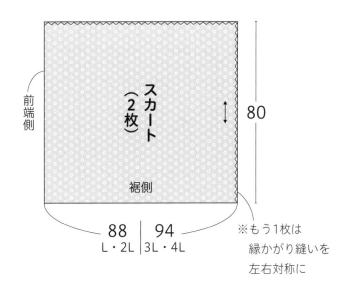

前端側

スカート（2枚） 80

裾側

| 88 L・2L | 94 3L・4L |

※もう1枚は
縁かがり縫いを
左右対称に

1 前・後ろ身頃を合わせ、肩と前衿ぐりを縫う

❶前・後ろ身頃を中表に合わせて
脇でそろえ、左右の肩を縫う

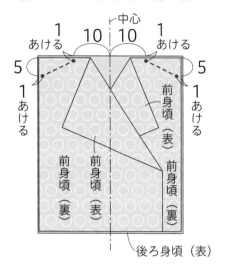

❷肩の縫い止まりから身頃のウエ
スト側の端まで折り線をつけ
て、さらに裁ち線をつける

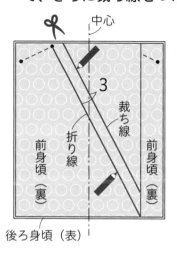

❸反対側の前身頃も同様に、
折り線と裁ち線をつけて裁つ

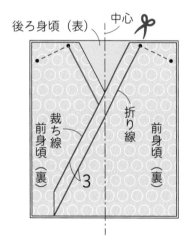

❹衿ぐりを三つ折りにして、表に
縫い目がでないようにまつり縫
いする

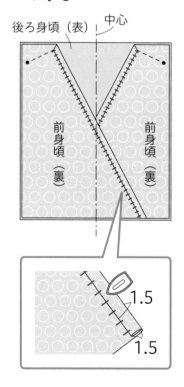

2 後ろ衿ぐりを縫う

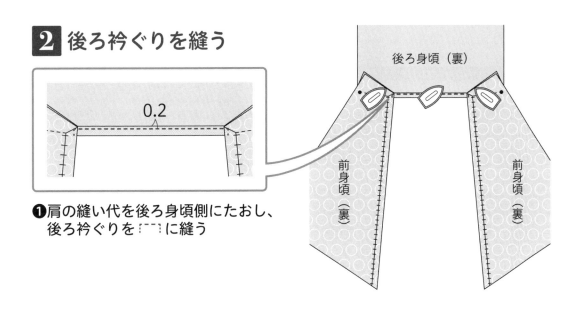

❶肩の縫い代を後ろ身頃側にたおし、
後ろ衿ぐりを ⌐ ̄ ̄┐ に縫う

3 脇布を縫い、前・後ろ身頃に脇布を縫い合わす

❶脇布の袖ぐり側を三つ折りにして縫う

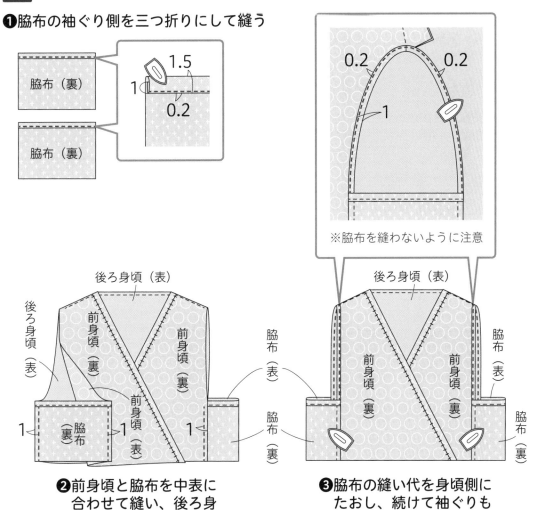

※脇布を縫わないように注意

❷前身頃と脇布を中表に
合わせて縫い、後ろ身
頃と脇布も同様に縫う

❸脇布の縫い代を身頃側に
たおし、続けて袖ぐりも
折り、袖ぐりを縫う

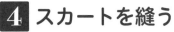

4 スカートを縫う

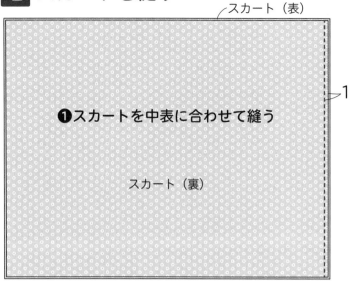

スカート（表）

❶スカートを中表に合わせて縫う

スカート（裏）

1

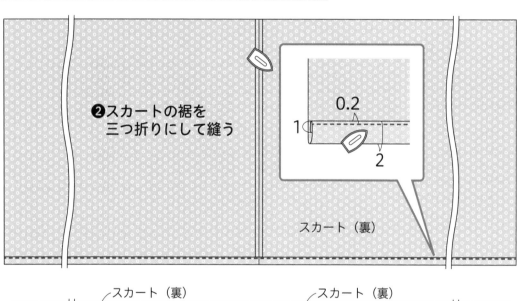

❷スカートの裾を
三つ折りにして縫う

スカート（裏）

0.2
1
2

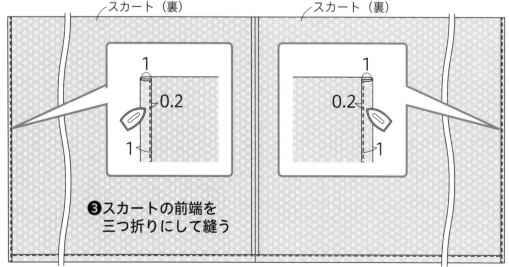

スカート（裏）

スカート（裏）

1
0.2
1

1
0.2
1

❸スカートの前端を
三つ折りにして縫う

5 スカートにギャザーをよせる

❶身頃とスカートに合印をつける

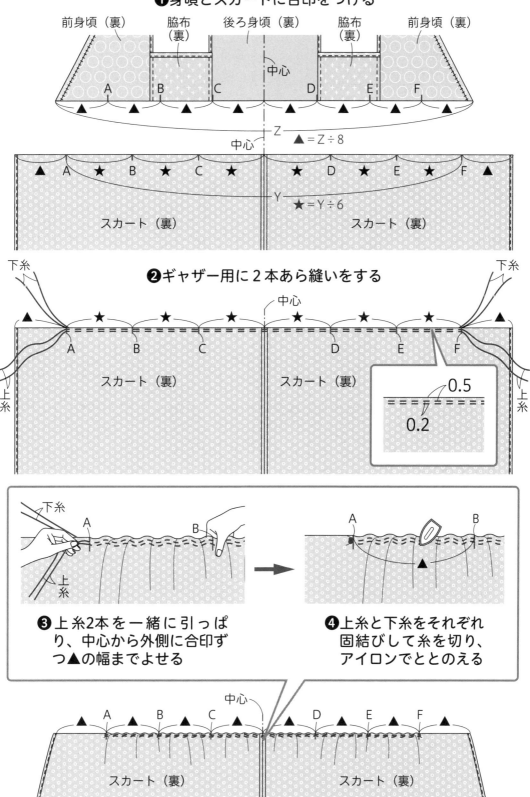

前身頃（裏）　脇布（裏）　後ろ身頃（裏）　脇布（裏）　前身頃（裏）

中心

A　B　C　D　E　F

▲

中心　Z　▲＝Z÷8

▲　A　★　B　★　C　★　★　D　★　E　★　F　▲

スカート（裏）　　　スカート（裏）

Y　★＝Y÷6

❷ギャザー用に2本あら縫いをする

下糸

中心

▲　★　★　★　★　★　★　▲

A　B　C　D　E　F

スカート（裏）　　　スカート（裏）

上糸

下糸

上糸

0.5
0.2

下糸　A　B

上糸

❸上糸2本を一緒に引っぱ
り、中心から外側に合印ず
つ▲の幅までよせる

A　B

❹上糸と下糸をそれぞれ
固結びして糸を切り、
アイロンでととのえる

▲

中心

▲　A　▲　B　▲　C　▲　▲　D　▲　E　▲　F　▲

スカート（裏）　　　スカート（裏）

6 身頃とスカートを縫い合わせ、リボンを縫う

❶スカートと身頃を中表に合わせ、ウエストを縫う

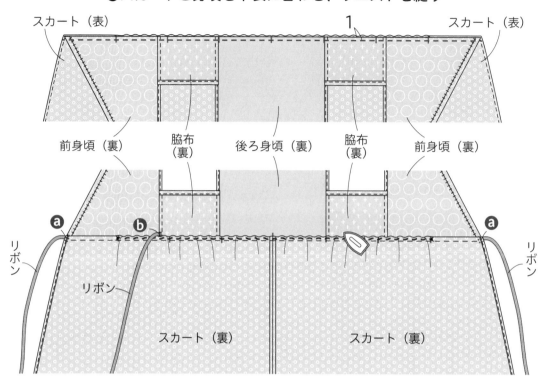

スカート（表）　　　　　　　1　　　　　スカート（表）

前身頃（裏）　　脇布（裏）　後ろ身頃（裏）　脇布（裏）　前身頃（裏）

リボン　　リボン　　　　　　　　　　　　　　　　リボン

スカート（裏）　　　　　　スカート（裏）

❷ウエストの縫い代を身頃側にたおし、内側にリボンを縫う

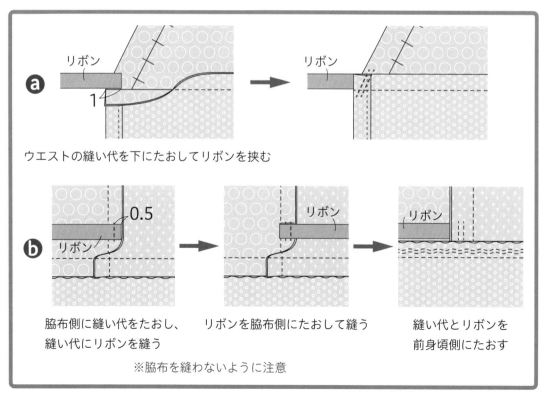

ⓐ リボン　　　　　　リボン
1

ウエストの縫い代を下にたおしてリボンを挟む

ⓑ リボン　0.5　　　リボン　　　　　リボン

脇布側に縫い代をたおし、　　リボンを脇布側にたおして縫う　　縫い代とリボンを
縫い代にリボンを縫う　　　　　　　　　　　　　　　　　　　前身頃側にたおす

※脇布を縫わないように注意

❸ウエストの表側にリボンを縫う

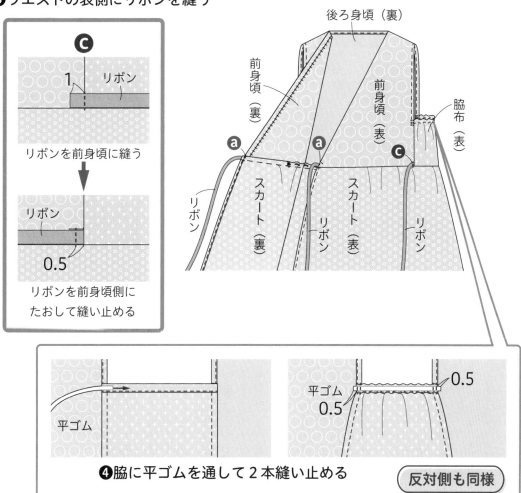

ⓒ

リボン
1

リボンを前身頃に縫う

↓

リボン
0.5

リボンを前身頃側に
たおして縫い止める

後ろ身頃（裏）

前身頃（裏）

前身頃（表）

脇布（表）

ⓐ **ⓐ** **ⓒ**

リボン

スカート（裏）

スカート（表）

リボン

リボン

平ゴム

平ゴム
0.5

0.5

❹脇に平ゴムを通して2本縫い止める

反対側も同様

❺リボンの下端を結ぶ、または三つ折りにして縫う

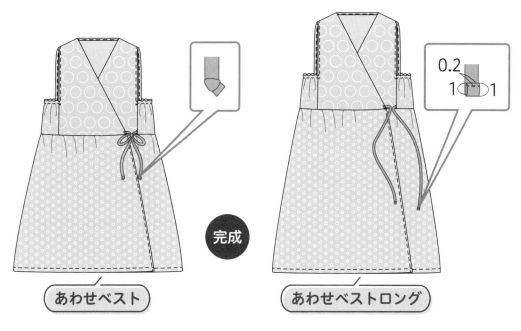

0.2
1　1

完成

あわせベスト

あわせベストロング

松下純子（まつした・じゅんこ）

大学を卒業後、水着のパタンナーを経て、2005年にWrap Around R.（ラップアラウンド ローブ）を立ち上げる。「着物の色や柄、反物の幅をいかした、今の暮らしにあった服作り」をコンセプトにした作品は、幅広い年代に支持され、テレビや雑誌など幅広く活動中。大阪市内にあるアトリエRojiroom（ロジルーム）では、着物のリメイク教室やワークショップを開催するほか、着物地やオリジナルパーツなどの販売も行なっている。著書に『いちばんやさしい着物リメイク』『1枚の着物から2着できる いちばんやさしい着物リメイク』『1本の帯で洋服からバッグまで はじめての帯リメイク』『いちばんやさしい ほどかない着物リメイク』（以上、ＰＨＰ研究所）、『型紙いらずの着物リメイク ２Way楽しめるシャツワンピース』（河出書房新社）など多数。

Wrap Around R. ホームページ　　https://w-a-robe.com

Staff

撮影
木村正史

ヘアメイク
駒井麻未

モデル
ごりちゃん

縫製アシスタント
清水真弓、阪本真美子

編集・校正協力
増井菜三子

装幀
朝田春未

組版
朝日メディアインターナショナル株式会社

編集・本文デザイン
キムラミワコ

いちばんやさしい
L〜4L「ゆったりサイズ」のおしゃれ服
2024年5月7日　第1版第1刷発行

著　者　松下純子
発行者　村上雅基
発行所　株式会社ＰＨＰ研究所
　　　　京都本部　〒601-8411　京都市南区西九条北ノ内町11
　　　　〈内容のお問い合わせは〉暮らしデザイン出版部 ☎ 075-681-8732
　　　　〈購入のお問い合わせは〉普 及 グ ル ー プ ☎ 075-681-8818
印刷所　大日本印刷株式会社